报人往事

放弃还是坚守？沉默还是呼号？且听一位鲐背老人细诉那风雨飘摇年代中的报人往事

于友 著

群言出版社
Qunyan Press
·北京·

谨以此书献给传媒后来人

前　言

这本以《报人往事》作书名的文集里主要有两部分文章，前一部分记录笔者本人比较熟悉的我国同业师友的事迹；他们大多曾接受五四运动的深刻影响，并曾为争取祖国的独立自由毕生奋斗。笔者有幸，曾在开始从事记者工作后，陆续得到他们的指引和教导，毕生难忘。

在我晚年不再为报社持续工作时，我就开始写作一些缅怀他们的文稿，宣扬他们的光辉事迹，提供同业参考。

《报人往事》里收集了我所写记录范长江、胡愈之、刘尊棋、成舍我、恽逸群、萨空了等等前辈的文稿，分别叙述着前辈们的突出成就和先进思想。我相信：成就卓著的前辈们是我们后人学习的好榜样。

这本文集后面大部分的文稿，报告我自己从业七十年左右的经历，也就是我接受前辈"传帮带"的记录，可以说是我的"尊师记"，是我经历的往事，也是前辈们热心培育新人的部分往事。

我衷心希望:出版这本小书,对我们新闻事业的后来人有所帮助,对以往百年记者工作的境遇以及我国国情和世情,也能增加一些了解。

只是我作为老记者,毕竟已经年迈,报道能力减退,记载缺失不免,我恭请读者批评指正。

(2013年9月1日,时年98岁)

目　录

第二篇　我的记者生涯

第三篇 我的翻译经历

第四篇 往事如昨

第一篇

缅怀我同业的师友

忆启蒙老师恽逸群

初识于上海

1935年夏天，我中学毕业，从湖州赶到上海投考将创办的《立报》的练习生。因为我家无钱供我上大学，我必须找到一个就业的机会，同时，我一直有志于当个新闻记者。

《立报》招考的考场设在河南路桥北堍的上海市商会。主持这场考试的便是恽逸群老师。恽老师当时不过30多岁，年富力强，但是他很瘦，穿着白夏布长衫，走路很快，说话带着明显的常州口音。当时我主要关心考试，对主考官并不十分注意。应考的人好像不少于200人。

恽老师在这场考试中既主持笔试，还亲自负责口试。口试在笔试几天之后举行，我在不多的一些应试人之内。这回我同恽老师面对面作了谈话。他问的问题都是临时提的，主要问我为什么想搞新闻这个"行业"，我对新闻工作有些什么认识。

又几天之后，上海《申报》刊登了《立报》这次考试的结果。

《立报》只取了三个练习生，其中两个是女的，男的只有一个，就是我。两个女的以后都在营业部搞会计，我进了编辑部。

我当然喜出望外。我同《立报》的创办人以及它最早的工作人员都没有一点关系。恽老师录取我，显然代表着当时《立报》领导在人事上一种新的风尚：秉公办事，认真选人，尽管练习生在刚进报社时是无足轻重的人员。我感激恽老师，是他使我实现了当记者的愿望。

多方面启蒙

《立报》让我当练习生，并没有布置什么系统的训练，我实际上像旧社会其他行业的学徒一样，靠自己在实践中摸索。

《立报》是报人办报，能人特多。总经理成舍我是有经验的老报人，办过许多报纸，很懂得经营管理，也很会用人。第一任总编辑张友鸾，第二任总编辑萨空了，还有编副刊的张恨水、谢六逸，都是新闻界的知名人物。署名“小记者”的严谔声，写得一手好短文，是报社的董事，每天为副刊写稿。另外还有本市新闻版编辑徐迈进，以后曾是武汉《新华日报》的编辑和延安《解放日报》的副总编辑，他在《立报》一段时间内，曾引导我采访进步文化活动和工人运动。但是，我在《立报》的两年多的时间内，使我在思想上和业务上得益最多的便是恽逸群老师。

1935—1937 年之间，救亡运动风起云涌，恽老师自己是救国会的一个笔杆子，同胡愈之、邹韬奋他们合作得非常密切。他介绍过我采访救国会的活动。我至今还记得我参加了 1936 年

“一·二八”到庙行去祭奠抗日阵亡将士的示威游行，我还参加了1936年11月12日在静安寺女青年会举行的孙中山诞辰纪念会，那是一次盛大而悲壮的集会，救国会沈钧儒、王造时、章乃器、史良等领导人在会上作了慷慨激昂的演说。不久之后，他们都被国民党政府逮捕了。

我还曾随同赴京请愿的学生搭乘的火车采访，当夜赶回上海写报道……

恽老师为了提高我的思想认识，不仅介绍我看当时的一些进步刊物，还买了张仲实所译列昂捷夫的《政治经济学》供我学习。这是当年公开发行的一本马列主义理论著作。

恽老师对我更主要的影响是他的工作。

1935—1936年这两年，他工作非常忙碌。他白天在进步的新声通讯社负责编发新闻稿，还为生活书店出版的一些刊物写稿。救国会的《救亡情报》，他也参与工作。晚间又到《立报》编国际新闻，又写社评。当年《立报》的社论是天天有的。1936年5月，邹韬奋在香港创办《生活日报》，他作为有经验的评论家和新闻编辑应邀去港办报。《生活日报》只出了55天，就因为经济困难停刊，恽老师又重返《立报》。他写的评论为《立报》赢得很高的声誉。《立报》的销路一度达到20万，这在旧中国是非常了不起的销量。

1937年7月，《立报》作为一张抗日报纸已酝酿南迁。我和上海的许多救亡青年一样，希望到抗战前线去工作。还是恽逸群老师，把我引荐给由郭沫若出面在上海组织的东战场战地服务团。这个团是中国共产党在国统区秘密领导的战地服务团之一。那里的团长袁文彬和副团长翁从六，都是恽老师的战友。恽老师把我送进了又一个使我接受锻炼的"学校"。

重逢在香港

1940年，我已在胡愈之和范长江领导的国际新闻社的重庆办事处工作。当时恽逸群老师在香港主持国新社的香港分社。我和恽老师已能通信联系。他知道我又重返新闻岗位，而且和他同在一个机构后十分高兴。我为国新社写的一些通讯都发往香港分社，由恽老师再分发到海外的报社。

皖南事变发生后，重庆党组织通知国新社的人员分散转移，我决定去香港。还是恽老师安排我在《南洋商报》香港办事处当记者。《南洋商报》是陈嘉庚在新加坡办的大报。当时由胡愈之同志主持。在港一年，我和恽老师就住在一套单元房内。

恽老师当时的工作很忙，很少时间在家。他不仅主持香港国新社的工作，还主持着一个新闻专科学校，主编《星岛日报》的一个新闻学副刊。《星岛日报》当时由国新社的金仲华任总编辑，许多进步记者都为这份报纸写稿，恽老师是其中之一。

当时香港集中了许多民主党派负责人和进步文化人。恽老师也参与了许多民主活动，就在这年5月，他和茅盾、邹韬奋、范长江、金仲华等9人一起联名发表了《我们对于国是的态度和主张》这样一个宣言，揭露国民党当局对日妥协投降的阴谋和对进步文化事业的残酷迫害。

恽老师对我这个《南洋商报》驻港记者，辅导帮助是多方面的，对内地的什么事该怎么报道，写什么人该反映他什么动态，他时常给我指点。我写过几篇关于张学良和马寅初被监禁的通讯，部分材料就是恽老师提供的。

在香港同年12月沦陷之前，我曾写完了一本《张学良传》，请恽老师过目。他真在百忙中抽时间审读了，还帮助我找了《时代批评》杂志的主编周鲸文，请他们考虑出版。但是稿子送到《时代批评》社不久，就爆发了太平洋战争，香港沦陷，《张学良传》遭到了夭折的命运。虽然如此，我还是感激恽老师，他为我操了不少心。

解放后的两次见面

解放以后，我和恽老师的交往倒反而很有限，原因是我们长时间不在一地工作，更主要的是恽老师长时间受到了冤屈。

我们只见了两次，十分短暂的两次：

一次是1950年春，我从北京返沪探亲。当时恽老师在上海任解放日报社社长，还兼任华东新闻出版局局长，复旦大学新闻系主任。我去报社看他，那儿原来是汉口路申报馆的大楼，比过去我们师徒俩一起供职过的《立报》的社址漂亮多了。

恽老师知道我在北京《光明日报》胡愈之领导下工作，很高兴。当时他很忙，谈话就在他办公室，《解放日报》的一些干部川流不息地进办公室来汇报和请示工作，或送什么文件请他批阅。他向我打听胡愈之、范长江、萨空了等同志在北京的情况，还有《光明日报》编辑发行的情况。他向我谈到解放后办报的可喜条件，还说到《解放日报》已集中了一批有经验的编辑记者，报道上海和华东的好形势大有可为。他的情绪好极了。可惜我没法久坐，呆了不到两小时我就告辞了。我心里很欢喜，恽老师这回在上海可以放手办他的新闻事业了。

可是，我回北京不久，他就遭到了打击，他被撤去了一切领导职务，还被开除了党籍。他的“罪状”由《解放日报》当作最大的政治新闻，发表在头版头条。新闻工作者在解放后会遭到这样的厄运，我是从来没有想到的。

另一次就在1953年，恽老师来到北京了。由于出版总署署长胡愈之惜才，一向了解战友恽逸群博学多能，便向中组部提议，调恽到出版总署所属的地图出版社任副总编辑。

恽老师到京后深居简出，不愿出头露面，我是在那年五一劳动节庆祝游行时在观礼台上见到他，我高兴极了。这说明老师恢复工作了。我约他和正好在北京的老朋友刘良模（宗教界爱国民主人士）一起在一个星期天共进午餐。我的意思是对老师表示慰问，他慨然同意了。

那天，我们在东四隆福寺一家很幽静的饭馆里会面。恽老师兴致很好，谈了很多关于地图出版的事。他认为地理是一种重要的国情，地理知识是进行爱国主义和国际主义教育的重要内容，地理对建设的规划也至关重要。他说过：丁文江、翁文灏都是学者，他们对地图的出版事业贡献不小。《申报》出版过一本出色的地图——《中国分省新图》。申报总经理史量才是个爱国者，热心支持许多文化事业，可惜他被蒋介石所暗杀……新中国搞地图出版是个全新的事业，大有可为。

虽然恽老师说了自己对历史比较了解，对地理还不太熟悉，但是，他显得对新的工作很有信心。

那次谈话中他还提到地图专家曾世英，他说曾已应聘到京，将为新中国的地图事业作出更多贡献。

那次，刘良模谈了美国的新事。黑人歌唱家罗伯逊是他的好朋友。美国知识界不少人关心中国的革命。恽老师听得很认真，还不时提出一些问题，请刘良模谈谈。恽老师从来关心国际情势，而我在《光明日报》正担任国际版的新闻编辑。我们谈得很欢畅，这次午餐延续了两个半小时。

这以后我热切地盼望能在北京时常见到恽老师，向他求教。可是非常遗憾，不久，他又受到潘汉年案件的牵连，遽然不知去向，音讯全无。后来听说他又进了监狱。一个广大读者欢迎的评论家和新闻事业家从此默默无闻，与社会隔绝了。这是一个悲剧，痛心的不仅是他的亲友！

他含冤死去

一直到 1976 年，“四人帮”倒台之后，恽老师才恢复了有限的自由。1978 年 4 月他曾来京上访，请有关部门安排适当工作。当时我因被错划为“右派”，还远在东北边陲，未能再次同老师见面。

1979 年，我从“北大荒”重返北京，由中国大百科全书出版社借调，参加出版大百科全书的筹备工作。这时才听说经胡愈之、黎澍等国新社老同志的尽力争取，恽老师被安排在南京第二档案馆工作。我正为老师庆幸，还希望近期内到南京出差，再次求教于恽老师，噩耗突然传来，恽老师在南京旧病复发去世了。他是 1926 年入党的老党员，对党对人民忠贞不渝，但成了极左路线的一个牺牲者，太可惜了！

1985 年，我参与了恽老师的一本文集的编辑工作，拜读了老师许多过去没公开的切中时弊的文章，更加深切地敬佩老师毕生为真理、为人民利益奋斗的高贵品格。

《立报》总经理成舍我

1935 年 9 月,《立报》在上海创刊。从北方南来的报人成舍我先生当了它的总经理,我是这报社编辑部新招的练习生,我在他领导下工作两年多时间。他是《立报》的大股东,也是它的决策者,他很有权威,也很精明。我认为,这两年的《立报》办得很成功,是成当年对我们国家民族的一大贡献。

《立报》诞生在国难深重的年月,成舍我当时从北平来上海,北平已经感受到日本侵略者严重的威胁。他作为多年办报的老报人,决心办一张顺应民心和唤起群众的报纸,在政治上最敏感的上海发挥作用,这足以说明,他是一位热心爱国的报人。

《立报》在 1935 年创刊,一下子打开了局面,而且逐渐在声誉和销数上超过了上海所有的老牌报纸。这一点又足以说明,他是一位出色的新闻事业家。

我对成舍我的生平了解有限,只想说说为什么当年他创办的《立报》取得了突出的成就,讲点很不成熟的看法。

爱国爱民的立场

上海《立报》当年和老百姓同心同德。它一开始就喊出了为老百姓说话的口号，而且确实做得不错。当时上海国民党办的报纸都只为它的统治集团说话，欺压百姓；不少商业性的报纸，只顾自己老板的利益，也怕说真话。以成舍我为首的《立报》不同凡响，敢于报道老百姓希望报道的事情，说老百姓想说的话。《立报》的创刊词《我们的宣言》就说，《立报》要让劳苦大众知道与自己休戚相关的事情，使他们"能读、爱读、必读"，"使他们觉得读报和吃饭一样需要"，从而使国家成为一个"良好的国家"。

一些说明办报宗旨的口号，从创刊时起就被印在报纸各版的边缘上。我知道，这是成老总主张和设计的。有的朋友把这项勇敢的做法归功于《立报》其他某个负责人，这是张冠李戴，不符合事实的。

《立报》创刊时，上海社会上就发生了大流氓顾竹轩被控告的案件。当时一般市民都感到高兴，乐意知道案件进展的情况，但是许多报纸都怕得罪流氓，不敢如实报道，唯独《立报》"初生牛犊不畏虎"，连续报道顾案进展的情况，报纸因此受到市民群众的欢迎，一下子显示了伸张正义的形象，打开了局面。

1935 年下半年，日本对我国的侵略得寸进尺，国民党政府依然执行不抵抗政策，华北岌岌可危。各地广大爱国群众终于开展了种种爱国活动，对政府不满，同年末，北京爆发"一二・九"

运动,《立报》都积极进行报道。当时上海设有国民党政府的新闻检查所,竭力扣发有关的新闻。《立报》就经常"开天窗"。当时上海的读者很注意"开天窗"的报纸。报纸的"天窗"对读者起着申诉的作用。

1936年,当上海各界纷纷成立救国会,救亡运动风起云涌的时候,《立报》从言论到新闻,一直到副刊,都反映抗日救亡运动,它实际上成了救国会的喉舌,在推动救亡运动和抗日战争方面起到了重要的作用。

《立报》坚持爱国立场和报纸大众化的方针,是成舍我最早确立的。我以为:救亡运动高涨时期,他能放手让编辑部大力报道和鼓动,这就是他的贡献。

任人唯贤

《立报》团结了当年许多办报的精英。成舍我创办《立报》没有办独资企业,他适应当时的经济情势,办了股份制企业,调动了一些有意办民营报的老报人的积极性。入股的有"二严"——严独鹤和严谔声。两人当时都在《新闻报》任职。前者是小说家,在《新闻报》主编副刊。后者善于管理,写得一手好文章,笔名"小记者",常给《立报》写100字的"豆腐干"文章。

著名小说家张恨水,也是《立报》董事之一,他非常了解旧社会的人和事,写过《啼笑因缘》等许多脍炙人口的小说。他常年为《立报》撰写连载小说,成为《立报》吸引市民读者的因素之一。

我应该着重说说成舍我组织的编辑部班子。这个班子贯彻着《立报》的编辑方针。第一任总编辑张友鸾，是南京《新民报》“三张”之一，著名的小型报编辑专家、老报人，也是古典文学专家，他在《立报》工作不到半年，是《立报》的开路先锋。

第二任总编辑萨空了，是成舍我的老部下，曾在成舍我在北京办的新闻专科学校担任教员，到《立报》时 29 岁，风华正茂，曾积极投身于抗日救亡运动。他主持的副刊《小茶馆》发表了许多思想激进的通俗文章，受到平民读者的欢迎。

《立报》的主笔恽逸群是 1926 年入党的老党员，学识渊博，文思敏捷，他在《立报》编国际版，还天天为《立报》写一篇精练的时事评论，表示《立报》的政治态度。他一度应邹韬奋的邀请到香港《生活日报》工作，《生活日报》出版不到两个月就停刊了，成舍我又把恽逸群请回来，继续主持笔政。这一件事充分说明成爱才心切，用才果断。

谢六逸是当时复旦大学新闻系主任，著名的新闻教育家。惺惺惜惺惺，成舍我请谢到报社主编《言林》副刊。谢本人也是杰出的文学家，他为《言林》组织了许多作家们的好文章。

徐迈进，在《立报》负责本市新闻版。当时他同恽逸群一样是中共党员，但都没有暴露身份。两人都尽力贯彻党的抗日民族统一战线政策，取得巨大成就。

在《立报》记者中间也有一些能人。舒宗桥和熊狱兰都是谢六逸的高才生，熊参加新闻工作比彭子冈还早，在当年进步妇女界相当活跃。钱台生和张常人是当年有名的影评家，兼任《立报》的记者。

上述这些编辑部工作人员当时都是社会上比较活跃的知识分子，他们到《立报》一起工作，说明《立报》的办报方针是他们拥护的，上海《立报》是始终得道多助的。

一张报纸在报道上的成功，少不了编辑部同人的共同努力，发挥集体的作用。当年《立报》的进步作用都是这些同志工作的成果，也是总经理成先生信任和放手的成果。

精明的经营管理

《立报》有一套精明的经营管理制度，主要是总经理成舍我策划的。《立报》完全不登广告，收入靠发行。由于报价低廉，报社的运转全靠节约开支，降低成本。开支中被节约得最厉害的是工资。《立报》采取精兵主义，从编辑到印刷到经理工作都只用少量工作人员。举例说，总编辑张友鸾和萨空了都兼任一个副刊的编辑，没有助手。恽逸群编国际版，报社让他兼任主笔，每天写一篇社论，一个人干了两个人的工作。

钱台生、张常人这样的记者，拿的是计件工资，发表的特写和新闻由总经理按篇评价，评为甲乙丙丁四等，甲等不超过5元，他们的工资就是一个月所得的各等稿酬的总数。

排字房用的排字工人，大多是成在北平所办新闻专科学校的青年学生，有的都不过十几岁。报社只给学徒工资，但是他们实际上承担着全部排字的劳动。

营业部的骨干原是北平新闻学校的教员，他带领的少量工作人员中，有两位是女练习生，她们承担和正式职员一样的工作，她们在两年练习生期内，月工资只有9元。

我是编辑部唯一的练习生，工资也是9元。报社曾要练习生们签订合约，规定自己辞职或被开除，要如数归还所有领过的工资。我比较幸运的是得到过成的器重，在我当练习生不到一年的时候，就得到了提拔，当了编辑，工资提高为40元，工作能力得到了重要的锻炼。

当年是旧社会，就业不易，称心合意的工作更难得。《立报》能坚持爱国爱民的立场，报社这些有事业心的前辈，都能不图名利，尽力把工作做好。这是什么风格？这是当年我国进步知识分子艰苦奋斗的风格！我庆幸在《立报》受到了前辈们的教育和影响，我珍视着我的那段接受启蒙和锻炼的经历以及我在上海留下的学步的脚印。

再说，在经营管理上《立报》还确有许多长处。成舍我当总经理，要求天天了解报社各部分运转的情况。经理部每天要汇总情况填写一张日报表，上报：当天报纸的印数、发行的总数、编辑部截稿的时间、机器房开印的时间、印完的时间、财务收支的情况、人员出勤的情况，等等。

我记得：还有一样管理方法是每种工作的负责人都有个日记本，要记录当天工作的情况，向总经理反映。总经理每天批阅所有日记本，还提示他的意见，有表扬，有批评。成老总往往通过这个日记本下达他的领导意图。按我的回忆，这是《立报》经营管理上一个很有效率的措施。

在旧社会办一张坚持正义的报纸，很难。就《立报》当年的社会效益和经济效益来说，它是成功的。它成功的客观条件是当时爱国群众奋起的觉悟和斗争,《立报》的主观条件是报社同仁共同执行了顺应人民意愿的报道方针。这是我关于《立报》的一点体会。

（本文原载上海老新闻工作者协会编印的《我们的脚印》第四辑）

记《立报》首任总编张友鸾

1935年9月，上海创刊了一张特色鲜明的四开小型报——《立报》。为它的诞生打响第一炮的总编辑，就是当时被誉为编辑全才的张友鸾先生。

当年，在《立报》编辑部里集中了一批颇有名望的编辑记者，如复旦大学新闻系主任、作家谢六逸，著名报刊连载小说作家张恨水，擅长写小评论的老报人严谔声，以及中共地下党员、新闻宣传多面手恽逸群等。在外勤记者中有谢六逸的高足舒宗侨和熊狱兰，以及熟悉文艺界情况的钱台生、张常人等。正是这些为国家、民族灾难而痛心疾首的爱国报人们，有志于通过报纸鼓吹救亡图存，把“使每一个国民都知道本身对国家的关系”，让“每人皆认识本身对于国家的责任”作为创办《立报》的使命，把《立报》办成“人人买得起”、“人人看得懂”的大众化报纸。

当时，我是编辑部里惟一的一名练习生，在总编辑张友鸾先生的指导下，做些零碎杂务，主要包括听电话、帮助查找资料、译电报之类的工作。我从事的工作虽然并不重要，但我却有幸亲历了这张具有进步倾向的小型报纸的创办全过程，观摩了一代报人精心办报的情景，尤其是总编辑张友鸾先生那一丝不苟、精益求精的精神，给我留下了深刻的印象，使我对老一代报人的精神品格，有了一个亲切具体的认识。

《立报》创刊时为四开四版，除了各占半版的三个副刊是在白天发稿外，其他都是在晚上发稿。编辑部设在二楼，张先生每天晚七时到报馆上班，坐在马蹄形编辑桌的凹口处，先将当天收到的各家通讯社的消息翻检一遍，把选用的稿子分发给坐在马蹄形编辑桌其他各面的编辑，由他们具体编改；决定不用的稿件，张先生就亲手丢进身边的字纸篓里。遇到很重要的新闻，他就亲自动手改编、作标题。待各位编辑将稿件编好后，仍然交还给张先生过目。张先生如认为所处理稿件有不当之处，便向编辑说明自己的看法，一同商量修改；如对处理过的稿件无异议，便返身将稿件递进一个窗口，交给隔壁排字房去排字。

张先生在《立报》开创工作中富于创新。为了使这张小型报的信息容量不低于大报，他对稿件的选择、改编要求很严，尤其对标题，更是字斟句酌，做到既准确生动，又富于文采，引人入胜。对版面设计也很讲究。《立报》的新闻、文章绝大多数是短小精练的“豆腐干”式，张先生总是匠心独运，把众多的“豆腐干”拼排得轻重适当，活泼而不零乱。《立报》还在报眼位置刊载新闻人物头像，这可以说是张先生当年拓宽时事报道面的一个创举，让读者有机会认识一下那些人物的庐山真面目。担任人物头像画的漫画家是鲁少飞，他每天晚上到编辑部来上班，等候张先生从重要新闻中确定出一个适用头像表现的人物，然后常常是由我配合鲁少飞在照片档案中，或从画报上找取合用的资料，由鲁当晚画出适用的人物头像。不难想象,50 多年前,《立报》每天在报眼处刊登漫画式的新闻人物头像,其吸引人的效果决不会亚于目前好多刊物封面所用的大幅人物照片。

张先生的工作效率很高,他每晚上班后,首先从大量的通讯社稿件中筛选需要编发的新闻稿件,然后利用等看新闻版大样的时间,审阅几个副刊的大样。副刊《小茶馆》是张先生自己开办的,作为“小茶馆的老板”,他要为自己选定的顾客——有钱人眼里的“下等人”,选用一些通俗易懂的、生动有趣的、与他们休戚相关的文章。有时,他还自己动手写些小文章。“小茶馆”被张先生经营得有声有色,受到劳苦大众的爱戴。

《立报》初创时期,张先生作为总编辑,要贯彻小型报的革新方针,要趟出新路子,办出新风格,所以他的工作也十分辛苦。他每晚 7 时来到编辑部,精心地安排和把握着每个环节,以尽可能地避免和减少出现差错。为了报纸能刊出最新消息,他把截稿时间推迟到凌晨 3 点左右,但是这样一来,当他在一版清样上签字付印时,却往往会听到从外滩传来海关大钟敲 4 下的声音了,九江路上也响动起赶早市的车马声。张先生当年好像从不知困倦似的,熬到凌晨还像头天晚上刚上班时那样精神抖擞,只要稍有空闲,他便伏案写文章。我当时年纪轻,时常会不自禁地打瞌睡。每逢这时,张先生就轻轻叫醒我,说:“没有事了,你先回去吧。”……

张先生为人宽厚,平易可亲。对编辑部同仁都很尊重,从来不摆总编辑架子,同事们对他都有好感,遇到问题乐于向他请教。他审读恽逸群写的社论和编发的要闻时,往往表示欣然赞同。恽逸群作为共产党的地下党员，所写社论、文章等，自然要宣传党的政策和主张，但在当时社会条件下，文章写得既要让广大人民群众读懂，又不能让国民党的新闻检查官抓到什么把柄，的确要费不少心力。张先生为此经常帮同一道斟酌推敲，煞费苦心。他们之间在报纸评论方面的合作是同心同德的。

张先生是我参加新闻工作时的又一位好老师。追忆开创《立报》期间的往事和他对我的影响，我对他的病逝更感悲痛不已。我一直认为他是一位正直而且杰出的新闻工作者，想起他的高风亮节，感佩不止。

（原载 1990 年 7 月文汇出版社《张友鸾纪念文集》）

萨空了在《立报》上的笔底风云

抗日战争爆发前两年，北方有位青年来到上海，参加新创办的小型报《立报》工作，担任总编辑之后又担任过经理，他就是新闻界著名报人萨空了。萨空了支持抗日救亡运动，并加入了救国会的行列，使《立报》几乎成为救亡运动的喉舌，在几年之后他成了一个活跃的政治活动家。

笔者当时是《立报》编辑部的一个练习生，目睹萨空了同志的这一段经历，一直深受感动，历久难忘。一个名报人的崛起总是同一个时代的重大事件密切关联的，有作为的记者总是人民重大斗争的促进派。

报坛精英的协作

《立报》是1935年夏由当时上海和北方的一部分名记者如成舍我、严谔声、严独鹤等集资创办的。它以社会上的中下层群众为读者对象，坚持常年出报，售价低廉，由于它认真满足读者对时局信息的要求，消息又写得通俗易懂，社论短小精悍，敢说一些大报不大敢说的真话，出版之后，很受读者欢迎。它的销数不断上涨，甚至超过了有几十年历史的上海大报《新闻报》。萨空了就是这张报纸的第二任总编辑。他的前任是著名章回小说家也是老报人张友鸾，由于后来身体不好，不能常年坚持夜班工作，由当时报社最大股东成舍我推荐萨空了来继任。

这一年11月，萨空了到报社任职时，年方29岁，真是风华正茂，风度翩翩。他来自北方，蒙古族出身，长得面目清秀，皮肤白皙，常穿淡色西服，系一条引人注目的花领带，说的一口京白，口齿伶俐。我当时感到，他在我们新闻界的编辑中可特别显得年轻英俊，富有朝气。

空了同志原在《世界日报》任职，兼任北京新闻专科学校教员，很得原《世界日报》社长成舍我的器重。成不仅委萨以《立报》总编辑重任，还让他兼编《立报》的三个副刊之一——《小茶馆》。《立报》当时另外两个副刊已都很有名：一个叫《言林》，由文坛老将、复旦大学新闻系主任谢六逸主编。另一个叫《花果山》，由著名言情小说家张恨水主持。《小茶馆》原由张友鸾创办，发表一些街谈巷议式的短文，也受到读者喜爱。空了同志初到上海办报，一下子就肩负了一副不轻的担子。

但是，空了同志当时的不少同事都是报坛精英，他自己说过，他之所以能有所作为是由于得到过严谔声、恽逸群、谢六逸等的支持。严当时是另一报社的总经理，笔名“小记者”，每天为《小茶馆》写一段不到100字但发人深省的小文章。恽逸群是《立报》当时编辑部的灵魂，除主编国际新闻之外，还每天撰写一篇《立报》的社论。他是个20年代入党的地下党员，与救国会内的党员们有密切合作关系。上海解放后曾任《解放日报》社长、总编辑。谢六逸当年是上海文化界救国会的重要成员。

为救亡呼吁

空了同志在北方成长时期,正是东北沦亡之后华北也日益受到日本侵略者蚕食的时期,他一面痛感祖国山河的破碎,一面痛恨国民党政府的腐败无能,因此早在北方任教时已经宣传救国思想。他在1935年11月接任《立报》工作,同年12月9日北京兴起"一二·九"学生爱国运动,全国各界热烈响应,于是从此他开始在《立报》大力报道救亡运动消息。他主持的副刊《小茶馆》极力大众化,发表青年读者的来信,设"血与汗"专栏,反映穷苦职工的艰苦处境。同时设"点心"专栏,由他自己以"了了"笔名每天发表一篇短文,为群众说话,也传播一些道理,教育群众。

"了了"的这种做法,引起了当时主持职工业余教育的李公朴的注意。李是设在大陆商场的量才补习学校的校长,他着重培养的也就是上海工商企业的一些年轻职工。由于这批职工青年关心国家大事,阅读进步书报,已经形成一支救亡运动的队伍。笔者本人就是量才补校日文班的学生,同时是它的学生歌咏队的成员。李校长在1936年春亲自来到设在九江路山东路口的《立报》馆,访问这位《小茶馆》的"了了"。他们畅谈青年职工教育问题和救亡运动的形势,由于彼此意见相近,谈得很合拍,从此成了相知的好朋友。李还请萨到量才学校给学生讲演。这也是使萨同救亡运动接近的一个方面。

更重要的是《立报》对救亡运动的报道。恽逸群作为地下党员，不但在《立报》每天的评论里透露党的观点，还在夜班编辑新闻时，向萨传播党对一些时事的看法。在他们两人的合作之下，于是《立报》发表了远多于其他日报的救亡运动的消息。1936年各界救国会组织风起云涌。《立报》首先刊出《上海文化界救国运动宣言》，然后各界救国会活动的消息接连不断。特别是学生游行示威的消息，《立报》记者认真报道，不厌其详。1936年春上海学生开火车赴京请愿，离沪后被阻于昆山，相持了好几天。这些消息《立报》都有特讯报道。

1936年1月28日，上海各界救国联合会成立，会后举行游行，参加的人数多达2000，沈钧儒当时63岁，走在最前面。这次《新闻报》的记者顾执中、陆诒等也随行采访。笔者随量才学校的师生队伍同行，一直走到庙行。关于这次游行，《立报》作了翔实的报道。

《立报》同救国会的一些领导人的联系越来越紧密。我记得经济学家章乃器在《立报》上写过经济形势的连载文章。国际问题专家金仲华为《立报》写过《国际形势讲话》。

营救“七君子”

1936年11月23日半夜，国民党政府抓了救国会七位领袖，章乃器的夫人胡子婴凌晨赶到报社，把消息告诉了萨空了。这时报纸已拼版待印。萨空了当机立断，在一版下方抽换了一条短讯，加上黑边，标明《今晨七人被捕》，连名字也没有报。但是这个小方框最早传出了“七君子事件”的消息，震动了全国。《立报》以后就不断报道当时称为“七人案”的消息。

当年《立报》最成功的有关报道，是连续刊登的“七君子”家属的专访。首先是李公朴夫人张曼筠，其次是王造时夫人朱透芳，然后是邹韬奋夫人沈粹缜，史良、沙千里律师的老母亲，沈钧儒的大儿子沈谦。这些人的谈话都义正辞严，谴责了国民党政府，又充满激情，牵动了广大爱国者的心。

以后《立报》还详细报道了宋庆龄、何香凝等16人发起的“救国入狱运动”。连副刊《花果山》也刊登了一些特写：《救国罪案花絮录》，写“七君子”坐牢期间的动态和小故事。随着救国运动的高涨，《立报》的有关报道连篇累牍，百花齐放。

萨空了就在这一个时期，通过李公朴、恽逸群等人熟识了救国会的重要人物如陶行知、胡愈之、邹韬奋、徐伯昕、沈兹九、徐雪寒、孙冶方、钱俊瑞、姜君辰等人。从此，空了同志与他们在社会活动上开始了亲密的合作。

就在50年之后，萨空了回忆抗战开始前的往事，还深情地提到与胡愈之和潘汉年同志的往来。这篇文章的题目为《忆<立报>的那一段生活》。文中写道：“为了营救‘七君子’，《立报》尽了最大的努力。同时代的人都认为，这些报道是成功的。这里面有我和《立报》同仁的努力，但是我更要说的是，这里面还有胡愈之和潘汉年等人的功劳。特别是胡、潘两位，当年在许多事情中都充当着默默无闻的角色。我觉得应当说出来让大家知道，这是历史事实。”但很可惜，关于他们的交往，空了同志没有留下更详细的记录。

很明显,空了同志自己非常重视他在上海《立报》的这一段经历。我以为他的这一段新闻工作的经验,更是值得我们这些后来人学习和借鉴的。

(本文写于1988年12月,原载1989年《上海滩》)

从名记者到社会活动家

——忆长江往事

1939年全年，范长江同志一直在桂林度过。这一年，他对“文化城”桂林的繁荣昌盛作过卓越的贡献。这一年，他个人的经历也发生特别明显的变化：他从一个单枪匹马的名记者成为一支新闻队伍的指挥员，一个忠诚于新闻教育的教育家，一位特别活跃的社会活动家。

1938年末，我作为国际新闻社的一个青年记者，随同长江从长沙来到桂林，同他一起度过国新社艰苦创业的一年。1940年初，我又随他到重庆工作。桂林一年间，长江给我的印象特深，至今记忆犹新。

肩挑社长重任

众所周知，长江原来是《大公报》的一位记者，以写旅行通讯出名。他的通讯因为大部分具有重大的政治内容，强烈的逻辑性，富于政论色彩，别具一格。他第一个报道了当年中国人民希望所寄的红军长征和陕甘宁边区的新世界。这些通讯像斯诺的《西行漫记》一样，成为现代我国记者写作的通讯中的杰作和珍品。在抗战以前，他的这一类作品开创了我国新闻报道的一种成功的形式，当年《大公报》记者秋江、小方、邱溪映等都纷纷写作类似的通讯，满足了广大关心国事的报纸读者的需要。长江在武汉失守之前，还到过战地采访，写了报道台儿庄大捷的通讯。但是，这次从前线返回以后，他接受了创办国际新闻社的任务，他就不再单兵作战，没有再坚持写作他那种脍炙人口的通讯了。

我在长沙参加刚创办的国新社，初识长江同志，他身穿草绿色哔叽开领上衣，同色马裤，精神抖擞，仍然保持着一副战地记者的英姿。他那时也就30岁。但是，在我的心目中，他已经是一位老成持重的长者，身经百战的大将，他准能指挥一支千军万马的队伍，旗开得胜。

到桂林，国新社得道多助，工作发展得很快。长江得到号称“进步文化界的参谋长”的胡愈之同志的帮助，运用合作社的组织形式，团结了活跃在全国新闻工作第一线的近百位进步记者，还吸收了十几位年轻人作为基本工作队伍，开始向海内外报纸发稿，成为中共历史上第一个广泛发稿的通讯社。长江承担了这个通讯社社长的重任。

老马识途，长江以他自己丰富的经验，辨识着在新形势下何时何地出新闻，能写出有何等份量的报道，他还知道什么题材由他手下的哪位同志去采访和写作更得心应手，或者能受到最需要的锻炼，提高得更快。

也就在长江同志的指挥之下，一批批年轻记者被派到了江西正面战场和敌后新四军营地去采访。我们小字辈中不少同志是异常勤奋的，出色地完成了写通讯的任务，工作能力提高得很快。长江同志在读到他们的习作时，曾多次对国新社的总编辑黄药眠大师赞扬说："请你看看，这是多么好的报道，文章写得多漂亮，是一个人才，人才！"

真是"强将手下无弱兵"，一批批通讯稿由这些年轻记者写了寄回来，并在海内外报纸上显著地刊登出来，国新社创造了一个兴盛的局面。这时期，长江自己很少写稿，他的全部精力花在组织别人写稿上。国新社能及时地为海内外许多报纸提供成批反映抗战形势的报道，广大读者能在信息传播十分困难的情况下读到一些正确、鲜明、生动的通讯，这都是长江领导和悉心经营的成果。

为了传帮带

培养人才需要教育，这一点，早在 1939 年长江同志就具有深刻的认识。

国新社在 1939 年初刚开始正常运转的时候，长江创办了一本进行自我教育的内部刊物，名叫《采访与写作》，发表长江自己、秋江、陆诒等老社员的经验和年轻记者们的心得体会。这本刊物供社员同志们学习，还寄给所有同国新社有联系的通讯员。它是理论与实践密切结合的刊物，因此特别富于指导实践的教育作用，为从事新闻采访的同业们所热爱。我有幸是这个刊物的基本读者和受益者，只是由于战时生活的颠沛流离，特别由于挨过轰炸，很遗憾，《采访与写作》这本刊物连一页也没有保留下来。但是令人高兴的是，当年桂林《大公报》的负责人王文彬同志对这本刊物爱不释手，一直珍藏了几十年。

为了传帮带，长江同志联合当时国新社其他前辈如秋江、邵宗汉、黄药眠等，为年轻的同事们写了一本《怎样进行新闻采访》的小册子。这是他们几位的经验总结。整个内容我已经不复记忆，但至今记得它写得很细，是本非常实用的新闻学著作。但愿桂林图书馆还收藏着它。

同样为了传帮带，长江曾在国新社和中国青年记者学会桂林分会多次召开座谈会，讨论新闻工作的一些学术问题。在这些会上，他尽力鼓励年轻同志积极发言，提供新见解。

长江非常赞成教育家陶行知关于生活教育的思想，主张“即知即传人”。他竭力推动兴办新闻学刊物，传播有关的理论和经验。在他领导之下，“青记”联系的桂林几家主要报纸，都办起了新闻学副刊。《救亡日报》《广西日报》《扫荡报》都出过定期的副刊《新闻记者》。

长江十分重视接班人的培养。在国新社十分穷困的日子里，他也多方吸收了一些有志于新闻事业的青年入社。这个做法曾使黄大师感到迷惑。长江向大师解释说：“你要沉得住气，我们今天是稿子的发行，将来是人的发行。”

果真不错，受过国新社和“青记”培养的一批有新观点、新气派的年轻人以后都成了共产党的宣传和新闻部门的骨干。

现在回想起来，早在1939年，认真提倡为人民的事业培养新闻人才的人是不多的,而在白区为此作过艰苦努力的就更少了。长江老师是少数人中非常突出的一个,是使我们许多受益的后辈难忘的一个。

以后他到苏北,办过正式的新闻专科学校;在解放后的北京,又办过新闻学院,人才辈出。在新闻教育的事业上,他可以称得上劳苦功高了。

还是社会活动家

当年在桂林接触过长江同志的人,至今还缅怀他作为一个社会活动家的身影。

长江初到桂林,已经是个决心参加中国共产党的积极分子,竭力去完成党托付的各项任务。他在桂林,不仅负责国新社和“青记”的领导工作,还致力于联系各界有影响的知名人士,明白地说,就是做党在国统区的统战工作。

长江有他名记者的社会基础,而且他阅历丰富,当过兵,听过大学的课,交游很广,一向善于同社会上各色人物交往。在人才荟萃的“文化城”,自然是大有作为的。

同胡愈老一样,长江当时公开的身份是救国会的成员,他活动的范围远远超出了新闻界。

他到桂林不久,就受聘为广西省“建设研究会”的研究员。这个会实际上是桂系联系蒋介石嫡系以外社会力量的机构,桂系依靠它加强自己的地位。长江同志也因此同桂系以及当时在桂各派反蒋人士有了广泛的接触。

我记得，长江同志同科技界的知名人士如李四光、陶孟和等在桂林时就有了亲密的交往。很可能也就由于这一段因缘，解放后他的工作重点终于从文化界转移到科技界，当了很多年全国科协的副主任。

长江同志在桂林还承担着一部分国际的统战工作，他曾同朝鲜义勇队过往很密。义勇队的韩志成同志由他介绍成为国新社的社员。1953 年，朝鲜停战协定签字后的一天，我在板门店采访，又遇见了这位朝鲜兄弟，他当时是一位外交官，还深情地怀念桂林时的生活，惦念着我们的社长同志。由此看来，长江在桂林播种的友谊多年后在国外还在开花。

长江出生于四川，从小有“摆龙门阵”的才能，他博览群书，见闻特广，因此他的谈话一向生动活泼，富有魅力。在桂林当年，他是一个很受欢迎的演说家。

在“青记”和我们国新社的会上，他常常要讲当时的形势和任务，对我们有很深刻的教育。在社会上也同样起着巨大的宣传鼓动作用。

桂林当年的基督教青年会也真起过好作用。它办过时事讲座，请的大多是有号召力的进步人士，长江同志就是他们常请的一个。记得他曾经讲过一次桂南边境十万大山的抗日战役，把我军“关门打虎”的故事讲得有声有色，娓娓动人，听者不禁为之动容，掌声不绝。

在桂林的一年间，他由于同群众有了广泛的接触，每天会客谈话的工作很重。在办公室要批阅很多熟人和生人的来信，还要给他们写回信，幸亏他年富力强，也还注意锻炼，能抽时间打球、到漓江里游泳，精力始终是充沛的。

当年和长江同志相熟的一些朋友都曾建议，长江这么忙，该有个贤内助。可是他对于解决恋爱与婚姻的问题十分慎重。他对我们说过，找爱人要找志同道合的。周总理和邓大姐的结合才是最理想的。1939 年，他没有落实对象，一直到 1940 年在重庆才和沈谱同志结婚。

据胡愈之同志回忆，长江同志也就在 1939 年被吸收入党。胡老说，长江成了“中共最忠诚、最勇敢、最机智的一名小兵”。回顾长江一生的事迹，胡老的这个评价是十分恰当的。

在我们一些同志中，曾经有人认为长江在武汉战役以后没有像“三 S”那样坚持写作，报道我国伟大的变革，是可惜的，他没有充分发挥他的长才。但是，我认为，长江同志的成就是多方面的。他结合形势与任务的需要，作了很大的努力。1939 年在桂林的一年就是一个例证，这一年是他飞跃的一年。

（本文写于 1984 年 8 月 4 日）

胡愈之在桂林文化城

杰出的社会活动家胡愈之同志的光辉事迹,遍布天南海北,可能需要无数人来回忆和叙述,也可能花一千零一夜的时间也讲不完。我曾是他领导过的文化大军的一名小兵,1939 年在桂林他教我当新闻记者。

与桂系打交道

1939 年,桂林市作为广西的省会,取代了已经沦陷的武汉的地位,成为整个大后方的抗日文化中心,文化人云集,文化事业空前兴旺发达。胡愈之同志早在抗战前就是国民党统治地区的文化巨人,在我们党文化反围剿的斗争中屡建功勋;1939 年他来到桂林,又为“文化城”的开创作出了巨大的贡献。

当年桂系为了卫护和壮大自己,对蒋介石保持相对的独立,团结反蒋的各派政治势力,成立了一个“参政会”式的机构——“广西建设研究会”。桂系的三巨头,李宗仁、白崇禧和黄旭初分别任这个研究会的会长和副会长。这个会分设政治、经济、文化三个部,部主任都由桂系的自己人担任。愈之同志被任为文化部的副主任。他通过这个会联系着当时在桂林的许多知名专家、学者和文化人,比如李达、李四光、柳亚子、欧阳予倩、梁漱溟、陶孟和、宋云彬等等。

救国会在桂林是自由活动的。当时在桂林的救国会成员如张志让、范长江、姜君辰、千家驹、杨东莼、陈此生、张铁生等,经常开会联系,互通情况。他们也都参与建设研究会的活动。这时胡愈之同志就是这个集体的核心人物。

桂系得到民主人士的支持,也曾一度同蒋介石进行过公开斗争。1940 年,蒋介石为了应付中共和其他一些党派要求民主、反对独裁的压力,曾让参政会通过决议,伪称要结束一党训政,实行宪政。于是桂系联合在桂的民主人士组织了一个"广西宪政促进会",大造舆论,促蒋还政于民。宪政促进会通过讨论提出了许多反对国民党"五五宪章"的意见。这个会最后还起草了一个宣言,经过白崇禧亲自审阅同意,然后公开发表,向蒋介石施加了新的压力。这个宣言的执笔人就是胡愈之同志。

按说,桂系自己也拥有一些有见识的能人,如陈劭先、李任仁等,桂系还宣扬白崇禧是"小诸葛"。但是,据当年参与广西上层活动的前辈们说,桂系对胡愈之非常尊重,待如上宾,原因是他心怀全国,放眼世界,识时务,识大局,确实是个信得过的智囊,杰出的政治活动家。

热心于传播真理

愈之同志从来热心文化工作，致力于把真理和世界真相传告广大人民群众。他在桂林时期，和他以往在上海时一样，在文化宣传工作上作了辛勤的努力。

他是以"进步文化界的参谋长"出名的。因此，广西当局放手请他经办文化事业。常言道，老马识途，他在1939年秋联合陈劭先很快地办起了一个规模不小的出版机构——"文化供应社"。当时与愈之同志合作的不少是文化出版界的知名之士，例如曹伯韩、王鲁彦、宋云彬、傅彬然、杨承芳等。

文化供应社在很短的时间内出过不少有价值的书。我记得其中有一本是百科全书式的《抗战建国辞典》。当年整个大后方人民殷切需要了解新形势下出现的新事物和新道理，出这类辞典就适应了这个需要。它通过几千个条目，传播了新知识和新观点。参加编写这本书的作者不少是知名的专家学者。胡愈之同志就是这本辞典的总编辑。

文化供应社还为工农群众办了一本通俗性刊物叫《新道理》，出版了一套总名为《文库》的通俗读物丛书。这些出版物的目的都在于普及文化知识。

愈之同志曾是生活书店的创始人之一。桂林生活书店的工作他也当仁不让地加以照顾。他为书店主编一本综合性刊物《国民公论》，主要发表评论国内外形势的文章，阐述党对时事的方针政策。

1939年由于希特勒德国飞扬跋扈，而英法政府大搞绥靖阴谋，欧洲与整个世界的局势空前动荡，同年秋德军入侵波兰，终于爆发欧洲大战。这年代国内关心抗战前途的人无不关心世界局势的变化，人们理所当然地盼望像胡愈之那样的国际问题专家时时发表分析局势的文章。也就因此，胡愈之同志异常忙碌。那两年，他不仅为《国民公论》，还为开明书店的《中学生》杂志，为《救亡日报》《大公报》《广西日报》写文章。不仅写文章，还在一些会议和时事讲座上作报告。那两年很可能是愈之同志生平最忙碌的时期之一。

许多前辈回顾当年时说过，桂林成为文化城，思想上政治上出现非常活跃的局面，要归功于当时中共的统一战线政策，归功于当时在桂林工作的大批"文化人"。熟悉情况的人还认为，就个人作用来说，应该首推当时起带头作用的胡愈之和夏衍他们两位。而夏衍同志本人非常谦虚，他在回忆桂林办《救亡日报》一事时说道："我是不止一次向胡愈之和范长江同志请教的。"

为了年轻一代

胡愈之同志于1978年在悼念范长江同志的文章里说过："在1939年初，在桂林这个冷僻的小城市里，出现了新的希望。希望在于党，希望在于毛主席的光辉著作《论持久战》。希望在于从沦陷区流亡到桂林的大批青年文化战士。"

很显然，这位前辈看得很远，十分关心和信赖年轻一代。

愈之同志设想过，让一批青年参加新闻工作，学习理论，学习时事，广泛采访战时的新情况，他们定能迅速成长，发挥积极作用。长江同志完全了解这个作用，因此，他们共同为国新社的创建花了很大的精力。

也就在悼念范长江同志的文章里，愈之同志回忆起他那时偏爱国新社这部分青年的情景：

"从1939年初到1940年我离开桂林为止，我几乎每天都要去环湖路（国新社在桂林的社址——作者注）溜达一下。除了满嘴胡子，被大家称作大师的总编辑黄药眠以外，全是20岁左右的青年战士……大家读马列和毛主席的书，毫无拘束地讨论国内和国际形势。到了晚间，还举行歌唱会和舞蹈会。当时长江还不到30岁。我和大家学习在一起，生活在一起，战斗在一起，也觉得自己年轻多了。"

本文作者是当年国新社的年轻社员之一，完全领会愈之同志钟爱我们的心情。还记得，愈之同志为我们出过写作的点子，为我们审看稿子，同我们争论，当然主要是愈之同志教导我们，还同我们一起锻炼身体，夏天在漓江里游泳，他的游泳功夫不如长江，但确比我们不少年轻人强。他有时还把他收到的稿费请我们吃河粉，对我们表示奖励……

不过，愈之同志关怀全社会，不止爱护我们国新社这一部分青年，他对文化供应社、生活书店，对贯彻陶行知教育思想的新安旅行团等单位的青年人，都多方关怀。

桂系培育青年干部的广西地方建设干部学校由地下党员杨东莼同志主办，采取的是"抗大"和"陕公"的教学经验。愈之同志也曾参与策划，没有少操心。

桂林青年会办了一个讲座，愈之同志是应邀的讲演者之一。1940 年青年记者学会办过一个“暑期新闻讲座”，愈之同志应邀讲演的题目是《各国新闻概况》，他对于培养接班人始终是不辞辛苦的。

愈之同志在 1940 年冬遵照周总理的指示，离开桂林到海外去工作。他在桂林工作不足两年，但是他的影响深入人心，异常深远，1984 年冬，广西出版了一本回忆录，题名《桂林文化城纪事》，这里面很大一部分纪念文章都歌颂了愈之同志。

愈之同志的一生是光辉灿烂的一生，而他在桂林的两年也同样是他的峥嵘岁月。他的丰功伟绩与恩德是我们无数后来人永远难忘的。

胡愈之和《光明日报》

在1949年夏天，新中国诞生的前夕，胡愈之出任当时作为中国民主同盟机关报《光明日报》的首任总编辑，创办了一张体现民主团结新发展的报纸，为广大知识界所衷心拥护。他的事迹同样令人难忘。

在胡愈老创办《光明日报》的年月里，我曾参与报社编辑部的工作，对胡老坚持爱国统一战线，对他办报的创业精神和工作作风，印象十分深刻。

胡愈之是新中国成立初期资望很高的新闻工作者之一。《光明日报》创办伊始，我们报社这些职工都对他非常尊重。他是20世纪20年代就已经成名成家的前辈，当时我们编辑部大部分同志都读过他在众多知名报刊上发表的文章，受到他的思想影响。他在30年代初发表的闻名遐迩的《莫斯科印象记》，已是新闻记者的传世之作。特别在国际时事评论方面，他是我们用科学的方法分析问题的楷模。解放前夕，他曾在新加坡主办《南侨日报》，不仅鼓励了广大侨胞支援祖国人民争取民主的斗争，而且高瞻远瞩，推动了南洋各族人民争取民族独立的斗争。在光明日报社工作期间,尽管他足智多谋、才能出众,但却平易近人,令人敬爱。我们在他的领导之下工作,尽管人少事繁,却都表现了很高的积极性。当时《光明日报》以出报早,效率高,闻名于北京新闻界。

胡愈之努力在《光明日报》上宣扬民主团结,这是当年中共中央对《光明日报》的希望,也是胡愈之本人的一个宿愿。《光明日报》创刊之初,毛泽东主席曾题词"团结起来、光明在望"。中共中央统战部长李维汉的题词为"光明在于人民民主"。胡愈之为报纸创刊写的社论,题目是《团结一致建设民主新中国》,着重阐明了实现新民主主义,需要全民团结、共同奋斗的道理。胡愈之是从30年代救亡运动开始,就坚持呼吁全民团结和争取民主的先驱者。

记得胡愈之来《光明日报》就任总编辑不久,就邀请了当时中共中央宣传部主管新闻宣传的胡乔木同志来报社作报告。乔木同志明确指出,新社会需要各界人民发言,需要民主的渠道,这就好像游行时过天安门前的三座门,如果人都走三座门的一个门,那就必然拥挤,队伍不能很快通过,让队伍通过三个门一起前进,就畅快得多。《光明日报》的创办就是为民主增加一个渠道,让人民多个说话的园地。这样有利于人民民主。胡愈之过去长时期从事新闻出版工作,曾同知识界有过密切联系,他确信"知识就是力量"。过去革命时期需要知识分子,此后建设时期同样需要知识分子。知识分子应该是《光明日报》的主要读者对象。因此,《光明日报》作为一张全国性的大报,除了报道国内外时事要闻以外,十分重视报道知识界的情况,反映知识界的意愿，密切联系教科文卫界的实际和群众，而且要尽力成为知识界发表意见和建议的园地。可以说，《光明日报》创刊伊始就显示了其面向知识界的特色。

胡愈之的这个编辑方针，符合共和国开国时所订《共同纲领》提出的政治要求，也符合以后社会主义建设事业的要求。因此《光明日报》联系知识界的新闻实践形成了一个可贵的传统。以后尽管几经波折，特别在“文革”十年，它被“四人帮”折腾得面目全非，一度成为“四人帮”操纵的工具，但在党的十一届三中全会以后，《光明日报》终于迅速恢复了传统，重放光明，继续发挥着团结知识分子的重要作用。广大读者都能清楚地记得，它发表过《实践是检验真理的唯一标准》一文，为广大干部和群众解放思想、拨乱反正作出了重要贡献。

胡愈之编报历来非常重视评论工作。他主持《光明日报》期间，经常亲自撰写报纸的重要社论。无论是国内和国际问题，他都写得通俗易懂，精辟感人。由于社论代表民主党派发言，贯彻与中共中央的政策、方针一致的《共同纲领》的精神，受到国内各界和国外的重视。中央人民广播电台往往向国内外及时转播，使《光明日报》作为中央的一张新创的报纸，很快就有了很高的知名度。

胡愈之编辑报刊很重视群众路线，广开言路、广交朋友，拥有众多的合作者。他过去为《东方杂志》、《生活》周刊、《世界知识》、《生活日报》、《南洋商报》等报刊工作时，曾同邹韬奋、金仲华、恽逸群、刘尊棋、邵宗汉、刘思慕、萨空了、张楚琨等等知名新闻工作者密切合作。在他创办《光明日报》时，又密切联系知识界广大作者，动员他们为报纸撰文供稿，使报纸的版面呈现出百家争鸣、群星争辉的喜人景象。新中国的许多专家学者从此成为《光明日报》的亲密朋友。这种情况，我们许多早年在《光明日报》工作过的同志，至今记忆犹新。当笔者看到如今《光明日报》兴办一些专刊，邀请嘉宾共谈《今日话题》，设立《教授在想什么》等一类专栏，在广开言路方面喜得丰收时，心里十分高兴，由此不禁想到：首任总编辑胡愈之的实践已起到了垂范的作用。胡愈之在新闻出版工作方面创造的许多业绩，是他为后人留下的宝贵遗产。

（本文写于1986年8月）

启蒙——胡愈之毕生的心愿

胡愈之早在1928年留学法国，并考察过英、德和苏联等欧洲国家；二战期间在新加坡和印度尼西亚生活多年。又因长时期从事国际问题研究，深切了解中国要实现社会主义现代化，赶上发达国家，首先必须普及知识，提高群众文化。

人们清楚地记得：我国过去两千多年的封建统治一贯实行愚民政策，"民可使由之，不可使知之"，以致进入20世纪后多年，广大劳动人民仍然处于既穷又愚的境地；他们受尽国内反动统治者和外国列强的压迫，无力改变自己的命运。在1931年日本侵占东北之后，我国面临亡国的危机，忧国忧民的先贤们提出了种种救亡图存的方案，主要就是唤起群众。胡愈之当时已经是一位具有远见卓识的评论家，多年从事启蒙工作。他确信引导群众救亡图存的基础工作在于普及知识，让人民群众都懂得救亡图存的道理。

1934年，胡愈之为生活书店创办《世界知识》杂志，他在该刊的创刊词中表达了他普及知识的观点。他在分析世界的基本形势之后说过："我们的后面是坟墓，我们的前面是整个世界。怎样走上这世界的光明大道去，这需要勇气，需要毅力——但尤其需要知识。”

推动了抗日救亡斗争

人们记得，当年传播先进思想的生活书店，是胡愈之帮助邹韬奋创办的。他帮助韬奋创办《生活》周刊，使它成为宣传抗日的号角。书店出版大量社会科学的图书，引导读者掌握社会发展的知识，首先引导了一代青年，使他们懂得了推动社会进步的道理。1935 年冬，北平学生掀起“一二·九”学生运动以后，抗日救亡运动遍及整个国民党统治区。然后在救亡运动的推动之下，开始了全民抗战。

了解历史的后人理所当然地肯定了胡愈之所起的启蒙作用。在胡愈之去世之后纪念他诞辰 100 周年的时候，著名的民主人士赵朴初热烈地表扬了他，赵撰写的对联写道：“一呼救国四海应，百岁馨香万世功”。

也就在 80 年代胡愈之去世之后，中共的老同志透露，胡早在 1933 年加入共产党，一直在国统区进行地下工作，而当时有几年上海地区的党员都得不到党中央的领导，而胡在地下工作中充分发挥了他的创造精神。

从国内到国外

抗日战争开始之后，胡愈之从事战时文化工作。他曾帮助生活书店扩展出版业务，更广泛地传播团结抗战的知识和人民民主的知识。生活书店遍布国统区的主要城市。胡还在广西桂林创立了另一个传播新知识的文化供应社，使革命的文化迅速高涨。此外，美国记者斯诺宣扬中国共产党的《西行漫记》，由胡愈之主持翻译和出版，有力地传播了中国新生力量的信息，广大群众从此怀有了翻身的希望。

由于国民党政府当局害怕人民革命知识的普及，生活书店在30年代末被大批封闭，胡愈之本人也被迫流亡到海外。胡改在新加坡帮侨领陈嘉庚办报，向东南亚华侨传播团结抗战的信息。在二次世界大战中法西斯轴心行将溃败的时候，胡及时地向华侨们宣传了争取民族独立的知识，帮助他们和当地民族一起开展了争取独立的斗争。因此马来西亚和新加坡的华人战后成了新的独立国家的主人。

1949年新中国建立以前，胡愈之已经回到国内，人民政府信任他普及知识、启迪民智的抱负，委以出版总署署长的重任。他领导了全国的出版工作，更多关心为广大劳动群众启蒙。在他的精心规划下，出版总署成立过通俗出版社，专门编写普及知识的通俗读物。以后又亲自领导编印一种传播新知识的农历，题名为《东方红》，引导农民接受社会科学和自然科学知识。

除此以外，他尽力推动汉字的改革工作，由于他和一批关心群众的文化工作者的努力，古老的汉字被简化了，汉字还有了一个拼音方案，大大便利了儿童和文盲学会汉字，从而便利了他们进一步掌握文化知识。

建设需要更广博的知识

1961年,由于政府推行违背科学知识的"大跃进"的经济政策,经济建设实际上出现了倒退现象。胡愈之当时已经年过六旬,不再主持图书的出版工作,但是当年国务院领导文化工作的陈毅元帅和中共中央宣传部的正副部长陆定一和周扬,决定及时出版一套以一般干部为读者对象的《知识丛书》,敦请胡愈之担任丛书的总主编。当时他们都认为有胡愈之这位"出版界的佘太君"挂帅,丛书的问世必将改变广大干部在工作上的盲目现象。

为了开办这套《知识丛书》,胡愈之曾振奋精神,认真思考和走访,动员各类知识的专家学者来共同完成丛书的编写计划。经过许多专家的努力,1965年以前这套丛书出版了30种,都很受读者欢迎。但是一场所谓"文化大革命"陡然爆发,全国陷于空前的混乱,不仅《知识丛书》的出版中断了,胡愈之投入巨大精力的文字改革工作也从此停顿了。"四人帮"扬言"知识越多越反动",政府停办了正常的教育工作,知识青年被送去农村"接受再教育",无数知识分子受到了无情的打击,民主党派都受到冲击,胡愈之本人也不免于受到批判,身陷于逆境之中。

但是,胡愈之老人在"文革"的动乱中依然保持清醒,他同他的两位勇敢的知己朋友周士钊和杨东莼一起,向领导"文革"的毛泽东主席提出建议,要发扬民主、广开言路、善导青年、重振教育等等。这些明智的建议在当时并没有被采纳,于是动乱又延续了几年,直到1976年“四人帮”终于被赶下台。

宣教工作的主旋律

好容易熬过“文革”10年,胡愈之进入了暮年,但是他仍然关心知识传播的事业,关心为群众启蒙。他认为广大群众再不能生活在愚昧和迷信之中。他由于痛感过去“一言堂”的严重教训,在1979年向他的挚友、民主人士孙起孟提出了一个“群言堂”的建议,希望这个建议此后在民主党派和爱国民主人士中推行。“群言堂”的规划要求广开言路、广开才路和广开财路,还要创办一个大型的综合性刊物,以便“发扬民主,宣传法制,普及科学文化知识”。他认为国家进入新时期后,刊物的这个方针是它长时期的主旋律。他去世前,即在1985年,还为刊物撰写了他最后的一篇文章。

胡愈之毕生致力于传播知识,为群众启蒙。在我国几个重要历史阶段,启动过广大群众投身于解放自己的事业,并取得巨大的成就。

胡愈之毕生艰苦奋斗的光辉成就,特别为同时代的文化工作者所衷心敬佩。他的战友、作家夏衍曾写过怀念胡的文章,称赞胡为中华民族的脊梁,是“五四”之后的70年这个伟大的时代中应运而生的一个思想、学识和才艺上卓绝的巨人。了解胡老生前事迹的人们都十分重视和赞同夏公的这个评价。

现在我国开始执行科教兴国战略,目的之一也就是胡愈之生前的夙愿,让广大群众知识化,从而成为促使国家彻底改变一穷二白的面貌、实现现代化的巨大力量。在这样的时刻，人们多么希望在我们国家，诞生众多的胡愈之式鞠躬尽瘁的文化工作者。也只有这样，我国才能迅速实现科教兴国战略。

（原载2001年1月《文化交流》）

从报道十月革命到《西行漫记》

——记胡愈之的翻译工作

当代文化巨人胡愈之，多才多艺，他不仅是位杰出的记者、评论家、出版家、政治活动家，而且他早在青年时期已经是一位勤奋的翻译家。

改革开放开始后，1988 年 7 月出版的《中国翻译家辞典》，记录了中国古今中外一千多位翻译家的生平，其中就有胡愈之的词条。这个词条概述了胡的毕生事迹，而他的翻译工作经历和成就讲的十分简略。本文拟就胡在翻译方面的主要经验和功绩作些补充说明，以便我们后来人学习和参考。

认真学习好外语

就翻译工作来说胡愈之并不是什么天才，他的学历才初中二年级，不过他确实从小重视知识的学习，重视掌握外国知识的学习工具——外语。他早在 1912 年 16 岁的时候，就离开家乡上虞，到杭州英文专科学校去学习过半年英语。据胡晚年所著《我的回忆》的自述，他进英文专科学校，是“想学好英文，以便学习欧美的文化科学知识。杭州英专的教师来自上海梵皇渡教会学校，教材使用英文原版的《穆勒名学》，这样既学了英语，又读了这本逻辑名著”。这说明他虽然只学了半年，但收获不少。

1913 年胡愈之尊重父亲的安排，在上虞家乡跟一位国文老师学习，要把国文的根基打好；但他没有放弃外语的学习，除自学英语外，他还接受世界语的函授学习，从而初步掌握了世界语。

1914 年 10 月，他考进了上海当年最大的书店也是最大的出版社商务印书馆的编译所，当练习生。他对这个工作机会非常重视。为了提高英语水平，他利用业余时间，到一个英文夜校去进修。按他的自述，他的知识，包括外语知识，就是“靠自学得到增长的”。在他当练习生期间，他还学了日语和世界语。

开始从事翻译工作

商务印书馆的编译所主持着当年国内最重要的刊物《东方杂志》的编辑工作。胡愈之就利用所里订阅的外文刊物和报纸，翻译一些对国内读者十分新鲜的信息，供给刊物发表。

1917 年俄罗斯爆发十月革命，外文报刊都即时有所报道，可是当年我国国内信息不灵，于是胡愈之尽力翻译了一些有关十月革命的新闻，发表在《东方杂志》上。在 1996 年三联书店编辑出版的《胡愈之文集》上，还能看到 1920 年他发表的有关俄国革命的综合报道——《劳农俄罗斯之改造状况》，其中分别报道了苏联的劳动状况，司法制度，教育计划，卫生和医药事业，结婚与离婚等;大多讲了苏联改革的喜讯,为当年向往社会主义的读者所欢迎。这样的报道主要是胡愈之从事翻译的成果。

1924 年,胡愈之实际上主持《东方杂志》的编辑工作,他发表的有关苏联的翻译材料更加丰富。《胡愈之文集》选用了胡这一年上半年发表的下列文章:

《列宁及其后》(1924 年 2 月)

《谁是苏维埃俄国的统治者?》(1924 年 3 月)

《列宁和威尔逊》(1924 年 6 月)

《国际诸名家的列宁观》(1924 年 6 月)

翻译工作多产的时期

据胡愈之《我的回忆》自述,1919 年“五四”以后,他的翻译工作特别勤奋,不仅从事英文翻译,还用世界语翻译。他除翻译许多有关俄国革命的信息和国际时事以及社会问题的文章之外,还翻译了不少俄国和其他弱小民族的文学作品,刊登在《东方杂志》和商务印书馆出版的《小说月报》、《妇女杂志》、《学生杂志》等刊物上。

由于胡愈之对世界各国文艺情况非常了解,他受到当时著名作家茅盾和郑振铎等的尊重,将其视为挚友,请胡愈之和他们一起发起成立著名的文学研究会,郑振铎还邀胡和他一起担任《文学旬刊》的主编。

1928 年 2 月他把用英语和世界语翻译的弱小民族作家的作

品，编成文集《星火》出版。他用“星火”作书名，意示弱小民族的革命斗争必将具有燎原的趋势。

除了《星火》之外，他上世纪20年代和鲁迅翻译的俄国盲诗人爱罗先珂的作品，被合编为《枯叶杂记》一书，在1981年出版。胡愈之另一些爱罗先珂作品的译文如《大炮在远处轰鸣》等，被编入了《爱罗先珂童话集》。

胡愈之曾尽力宣扬世界语的翻译功能。1927年12月他在《小说月报》上发表题为《世界语文学》的文章说，世界语构造单纯，容易掌握，翻译本国文学作品后，很容易开展国际交流。中国文学作品能译成世界语，将为全世界读者所鉴赏。

《西行漫记》出版前后

1933年，胡愈之被中国共产党吸收为秘密党员，第二年，因在主编《东方杂志》时宣扬社会主义思想受阻，被迫辞职，从此他离开了商务印书馆。此后他一度担任法国在上海主办的哈瓦斯通讯社的专职翻译，发布该社的国际消息；当时他担任这个职务也起到了掩护他秘密工作的作用，他的大部分时间和精力都还用在帮助邹韬奋主办《生活周刊》和发展生活书店的业务上。

1936年初夏，胡愈之接受党的派遣去欧洲与第三国际中共代表联系的任务，他在坐船经过印度洋的途中，翻译了法文版的苏联作者伊林所著《书的故事》一书。这可能是胡愈之用法语翻译的唯一作品，也是他忙里偷闲的产品。

1937年10月，美国记者埃德加·斯诺发表了他的延安访问记《红星照耀中国》,他把刚出版的新书送给胡愈之,胡立即领会了这本书的重大价值,立即组织了一部分地下工作的党员,完成了这本书的中文译本。为了避免在国民党地区发行困难,胡愈之机智地把《红星照耀中国》改名为《西行漫记》。他还组成一个出版机构“复社”,负责出版发行。1938 年初《西行漫记》开始盛销于中国大陆和海外华人中间,历时许多年。

再说,斯诺的原著《红星照耀中国》照耀了世界,让西方国家对中国共产党产生了好感,而《西行漫记》更让中国读者增强了抗日救国的希望,成千上万的青年投向了共产党:这本书的两种影响都既巨大又非常久远。

《西行漫记》的出版,无疑是翻译家也是政治活动家胡愈之的一个巨大成就。但是,1979 年 8 月,胡愈之为《西行漫记》中文重译本作序时,引用了原作者斯诺有关的话:“从字面上讲起来,这一本书是我写的,这是真的。可是从最实际主义的意义来讲,这些故事却是中国革命青年们所创造,所写下的。这些革命青年们使这本书所描写的故事活着。”

胡老最后还进一步说,《西行漫记》这本书的总结是:“千百万人民群众——不是少数领袖们——的革命实践才是检验真理的唯一标准。”他希望于读者的是:解放思想,更重视群众改革实践的成就。

(本文写于 1980 年)

不入虎穴焉得虎子

——羊枣 1942 年在衡阳《大刚报》

在解放前,我有幸同一些进步的新闻界前辈在一起工作。羊枣(杨潮)同志就是其中的一位。他同其他前辈一样,曾经是指引我成长的兄长,帮助我提高的老师。他是我心目中一块高大的丰碑。

我最早得知“羊枣”这个奇特的笔名是在 1938 年,那时我是桂林国际新闻社的一个青年社员。从国际新闻社香港分社寄来的稿件和信函中,我发现他是我们社友中一个十分活跃的名记者,是一个既有才华而又勤奋的国际问题评论家。

1941 年春,皖南事变之后,我从重庆到香港,读到更多以羊枣署名的文章。他的文章在金仲华同志主持编辑的《星岛日报》上常常占着很显著的地位。这些文章分析透彻,观点鲜明,有很强的说服力,读了使人确信:在当时动乱的世界上,方生的力量一定会战胜腐朽力量。

但是,很遗憾,我在香港十个月之久,一直只闻羊枣其名,未见其人。

1941年冬，爆发了太平洋战争，日本进攻珍珠港，很快就占领了香港。于是民主人士和爱国的文化人纷纷转移。羊枣和范长江、金仲华、萨空了等新闻界知名人士都到了桂林。我在返回内地时途经衡阳，由国新社社友王淮冰同志介绍，进了衡阳《大刚报》。

在1938年冬，长沙大火之后，衡阳成了湖南省也是华南的一个重要城市。湖南的一些地方势力集中在这里。这里主要的报纸是代表地方势力的《力报》和郑州失守后迁到衡阳的《大刚报》。

《大刚报》主持人毛健吾在政治上与国民党CC系有关系。他为了使报纸争得读者，增加政治资本，决心学习《大公报》，也对国民党政府搞点“小骂大帮忙”。他听说大批新闻工作者由香港返回内地，就提出要请一位名记者来当《大刚报》的“张季鸾”（张是《大公报》的主笔，以写“小骂大帮忙”的社论著名）。我提名请羊枣。报社就派我去桂林延聘羊枣同志。我到桂林后，把来意告诉了范长江、金仲华等前辈。他们都很赞成，认为这个阵地应该占领，羊枣同志到衡阳将大有作为。

从桂林到衡阳

于是，我在桂林漓江东岸，香港归来文化人聚居的七星岩地区的一座小巧的木楼上，拜访了鼎鼎大名的羊枣同志。

他面目清秀，额头宽阔，戴着一副黑框眼镜，身材瘦长，穿着一套绸制的中式衣裤。他对我这个初次见面的陌生人很热情，谈话很直爽。他已经知道我的来意，向我问了一下衡阳和《大刚报》的情况，很快就答应下来。

完成了延聘的使命，我先赶回衡阳。我把消息告诉报社的朋友，他们也都喜出望外。报社的主持人毛健吾却有些惊喜交集：这个“张季鸾”真要到来了，他对自己怎样当《大刚报》的“胡政之”（胡政之是《大公报》的主持人）还准备不足。他曾多次问我，羊枣是不是有架子？我回答得很干脆：“他没有架子，对朋友是最平易近人的。”

大约是黄梅季节，湘江涨水的时候，羊枣和他的夫人沈强同志一起从桂林来到了衡阳。行装很简单。他们住进了报社附近南山脚下的两间小房。他到衡阳一两天之后就开始了总编辑的工作。

内地报纸罕见的宏论

羊枣同志在《大刚报》担任总编，要审阅所有的重要稿件，审定重要新闻的标题，决定版面安排，还要撰写社论。拳打脚踢，几乎要耍十八般武艺。

当年世界大战的局势牵动着国内每个人的心弦，国际新闻特别为人们所关心和重视。为了丰富国际报道，《大刚报》决定抄收外国通讯社的电讯，从桂林挖来两个报务员。报纸能抄收英文电讯，就有了较多和较快的国际消息。羊枣同志亲自选稿和翻译（我协助他译一部分电稿）。从此，《大刚报》空前地以灵通的国际新闻和时事评论显示了它的特色。

羊枣同志还像在香港时一样，勤奋地写作时事专论。他利用一些外电的最新消息进行综合研究,评论时局。这些宏论是衡阳报纸过去十分罕见的。衡阳以至整个湖南的读者对《大刚报》开始刮目相看。

那年5月,希特勒发动对苏联南线的猛烈进攻,企图一方面打进高加索油田,另一方面打下斯大林格勒,置苏联于死地。苏联当时采取了先则诱敌深入,继则顽强抵抗的方针。前后历时五个月的斯大林格勒战役,不但是苏德战争的转折点,也是整个反法西斯战争的转折点,因此每天的胜负消息,特别扣人心弦,有的使人忧愁,有的使人欢乐。在当时,大家对于战局的发展并不是都很清楚的,正相反,许多人被德国的攻势所迷惑。这时,羊枣同志以他敏锐的观察力,利用他犀利流畅的文笔,通过每天的新闻标题、短评,以及他精心写作的长篇军事评论,传播着希特勒在走向灭亡、苏联和盟军在走向胜利的乐观情势,教育着我们的读者,使他们高兴,使他们坚定。这个时期,蒋介石统治区还有几种报纸和刊物能这样认真报道世界形势呢?除了《新华日报》和《群众》之外,《大刚报》是很难得的一张。

当然,在衡阳也有新闻检查所,他们为什么就那么好心,任意让长人民志气的唯物史观广泛流传呢?那是因为《大刚报》这些文章谈的都是世界的事,说的又那么有根有据,检查官要扣也实在是无从下手。

身教与言教

总编辑羊枣同志虽然那么苦干,那么操心,可是《大刚报》给他的待遇却十分菲薄。除了工资，什么补贴也没有。武汉失守之后，国民党政府更显得腐败无能，连年经济衰败，物价极不稳定，羊枣同志像国统区所有文教人员一样过着十分清苦的生活。但是，他不顾生活的清苦，全身心地为报纸工作。一周工作七天，一天工作十几个小时，几乎天天要工作到东方鱼肚白，他才看完清样，离开编辑部，下山回家。半夜里，他和我们夜班全部工作人员一样，咸菜稀粥充饥，习以为常。

羊枣同志一贯好学，勤奋使他学贯中西。他的家里除了简单的生活用品，最多的东西是书。他的业余时间大多用来阅读书刊报纸。他认为搞新闻的，特别是搞国际新闻的，不熟悉历史和地理，不了解各国的政治经济概况，不行；不着重了解当前的主要时事问题，不每天认真看报，也不行。他自己一直是这样身体力行的。

同时，他也很关心他身边一些战友们的学习。当时《大刚报》编辑部中高旭明、黄明（他们是在延安培训后南下的）、王淮冰、严问天、俞励挺、欧阳柏等同志都很敬佩和尊重羊枣。羊枣同志以他的身教与言教，渐渐地使周围的同志得到提高。

羊枣的影响以后逐渐扩大，越出了《大刚报》的范围。当时，《力报》编辑部有几位进步青年，他们也以羊枣同志为师，钻研国际时事。后来，这家报纸也聘请了著名的进步报人、国际问题专家刘思慕同志任总编辑。于是，两张报纸开始互通声气，形成了呼应的关系。这样，羊枣同志很自然地成了衡阳新闻界有很大影响的人物。在衡阳，羊枣同志好像一棵大树，为许多小树起到了蔽荫挡风的护卫作用；他又像一盏明灯，在黑暗中照耀着成千成万人前进的道路;他还像一面旗子,标志着一支队伍在坚持战斗。

可是,衡阳是那么落后,黑暗穷凶极恶地要吞噬光明。羊枣这棵大树招风了,衡阳的国民党特务机关对进步影响的扩大越来越头痛,深感自己一统的反动局面难于维持。他们给毛健吾施加压力。据羊枣同志透露,毛健吾曾同羊枣谈商。但羊枣同志利用毛健吾的矛盾心理,仍然巧妙地坚持着自己一贯的立场、一贯的编辑方针。

无限的思念

1943 年春,我离开衡阳到重庆的美国新闻处工作。临行时对羊枣同志依依难舍。但羊枣同志鼓励我去重庆。他的意思是说,“不入虎穴,焉得虎子”。我知道,他自己就是这样身体力行的。他送了我一件十分贵重的纪念品——一只牛皮手提包。临走时,他送我到南山脚下。没有想到,这竟是我同羊枣同志的最后一别;他送我的皮包,也成了永远的纪念品。

(本文写于 1982 年 6 月)

刘尊棋和美国新闻处

1942 年冬,太平洋战争已进行了将近一年时间,美国与当时我国国民党政府在对日作战上进一步合作,美国对国统区的新闻宣传工作也要求进一步加强。这时美国驻重庆的大使馆设立了美国新闻处,聘用我国有经验的新闻记者刘尊棋参加工作。从这时一直到 1946 年 4 月,刘尊棋主持美国新闻处的中文部,做了许多有利于我国抗战和进步的工作。

老相识的邀请

1942 年冬,美国的"汉学家"费正清奉美国国务院之命来到重庆策划成立设在中国的美国新闻处时,由于他自己还肩负其他使命,他并没有担任美国新闻处的处长,处长职务由另一美国的"中国通"麦克·费希尔(Francis Macracken Fisher)担任。费希尔 30 年代曾任美国合众社驻中国记者,常驻北平。"一二·九"学生运动爆发时,他就同埃德加·斯诺等一起进行采访活动,同当时任塔斯社记者的刘尊棋也因此相识。太平洋战争爆发后，费希尔应征入伍，参加战时政府的宣传工作。美国新闻处的筹建工作主要由费希尔承担。费希尔知道，当时要在中国进行新闻宣传，最便捷有效的方法是向中国的报纸发中文新闻稿，美国新闻处必须有一个中文编辑部，必须物色一个熟悉新闻业务的中国记者。他终于找到了他的老相识中国青年记者刘尊棋。

1942 年，刘尊棋已从新加坡回到重庆。抗战期间，他在国内和国外从事新闻工作的经历使他充分了解，战时各国人民都十分关心世界大事，关心世界大战的形势，国统区的报纸读者也并不例外。因此通过美国新闻处引进为国内读者关心的时事信息，是一项有意义的新闻工作。他毅然接受了费希尔的邀请，主持美新处中文部的工作。

当时，刘尊棋了解到国民党中央通讯社转发外国通讯社的消息，效率很低，整个国统区的中文报纸缺少国际信息的来源，地方报自设的电台没有能力抄收外国通讯社的电讯，收了也无力翻译。它们更需要较系统较深刻的报道。因此刘尊棋主持的中文部主要为报纸提供时事评论和通讯。他的设想便是从实际出发的。

中文部等于通讯社

1943 年初，整个新闻处和费正清主持的“学术资料服务处”都设在上清寺求精中学内，这里距国民党政府的许多重要机关不远。美新处中文部设在求精中学内一座四层建筑的底层。全部工作人员都挤在两间屋内。这些工作人员都是刘尊棋自己聘用的。最初只有10个左右,主要是翻译,其中有曾在天津《益世报》工作过的许君远、归国华侨陈先泽,还有同笔者在1943年初一起参加美新处工作的朱葆光。

刘尊棋的中文部实际上起到了一个通讯社的作用。早在抗日战争开始时,刘尊棋在武汉曾参与由胡愈之主持规划的国际新闻社的工作。他因此十分熟悉当时一个通讯社为地方报纸供稿的方法。美新处中文部发稿采用的就是胡愈之为国际新闻社创造的方法。

美新处中文部一般译稿定稿后,由抄写员复写4份至6份,然后根据它的内容,分寄给国统区4个到6个地区的地方报。由于地方报发行范围有限,它们采用同一文稿是不会有什么不便的。

比如同一篇文章的译文,分寄给《新疆日报》、《云南日报》、《广西日报》、湖南《开明日报》、江西《前方日报》。它们刊出时即使有些先后,由于它们的读者并不在同一省区,读者对本省报纸上刊用的美新处中文部分发的稿件,都像对它的特稿一样欢迎。

而且,美新处中文部供稿是免费的,也不要求报纸在刊出它提供的文稿时注明是由美新处供稿。因此报社编辑部都很乐于采用这一类文稿,充实自己的篇幅。

当年刘尊棋亲自负责从美国报刊上挑选为中国读者欢迎的稿件。在第二次世界大战期间,美国和苏联处于同盟国地位,不少知名的美国记者写过有关苏联反对希特勒德国入侵的通讯,其中包括斯诺和索尔兹伯里的作品。由中文部译发的这些通讯都是中国读者非常欢迎的。

美国一些著名评论家例如李普曼、伊利奥特和鲍德温等当时都抱反对法西斯的观点，因此他们的文章经美国新闻处中文部译出后及时提供给国统区报纸，报纸编辑也往往视为难得的好材料。

中文部这类特稿一个月译出几十篇，为一些报纸分别寄 5 至 10 篇，就成了这些报纸吸引读者的重要材料，成了中文部同国统区新闻界联系的重要媒介。

美国新闻处 1944 年搬到两路口的新址办公，这时它的工作不断扩大。它成立了摄影部，向一些文化机构提供展览用的成套图片。例如《美国总统候选人威尔基介绍》、《美军攻占马里安纳群岛》等等。它设立了电影部，为各单位放映美国影片。它成立了画报社，发行当时重庆唯一的画报《联合画报》，主持人就是现任复旦大学新闻系教授舒宗侨。1945 年，金仲华这位知名的国际问题专家，前《世界知识》杂志主编，为美新处主持译报部工作，专门选择中文报刊上可供美国参考的材料，编印英文的参考资料。另外美新处为了开展对日本的“心理作战”，办了日文部，聘任了韩幽桐（张友渔同志的爱人，中共地下党员）等为工作人员，编译日文材料。

这期间中文部的工作不断增多，工作人员也有所增加。1944 年为国统区报纸提供及时的新闻背景资料，编印了一本油印的《新闻资料》，不久由于发行数字增大，改成一周出一次的铅印稿。铅印的中文《新闻资料》印 5000 份，不仅寄赠给中文报刊，也寄赠给各地社会各界的知名人士。它起到了美国《读者文摘》

杂志一般的作用，为读者及时提供美国报刊发表的热门文章，这工作一直坚持到美新处在中国存在的最后。当年，英国、法国都在中国设立了新闻处，但就其工作规模和影响来说都不如美国新闻处，特别是它们使用中文材料的宣传。

美新处中文部在刘尊棋主持下，开拓了多种时事报道工作，主要通过国统区中文报刊发挥进步的作用。他实际上利用美国的财力物力，办起了一个为中国的抗日战争和民主运动服务的通讯社，其工作性质类似于1941年被国民党封闭的国新社。

办了自己的出版社

1944年夏，刘尊棋在开拓美新处中文部工作的同时，与知名诗人孙伏园、地下党员新闻工作者陈翰伯等人，利用美新处的书刊，办起了一个“中外出版社”，出版一些美国新书的译本，还办了一种主要刊登国际问题文章的刊物《文汇周报》。

刘尊棋曾说服美新处的负责人：美新处自己出版中文图书，不如由中国的出版社代办翻译和出版图书。刘尊棋推动美新处同他创办的中外出版社正式签订了合约，规定中外出版社选择美国新闻处提供的图书，由美新处支付稿费和出版费，并购买中译本的大部分。

中外出版社就在这样的经济条件下建立起来。它先后出版过《美国史》《天下一家》《联合国宪章》《亚洲的决策》《月落》《美国海军概况》等许多由美新处提供原书的译本。

《天下一家》1943年由美国总统候选人威尔基撰写，是当年美国的一本畅销书。由于它宣传美国团结民主国家共同反对法西斯轴心国家的外交思想,在欧美和亚洲的其他国家都受到重视。中外出版社的中文译本也销得不错。这本书是刘尊棋翻译的。

《亚洲的决策》是美国著名亚洲问题专家奥文·拉铁摩尔的著作,他的书在中国也很受重视。

中外出版社还出版了美国记者埃德加·斯诺在第二次世界大战时所写通讯集《战时游记》,中国知名作家郭沫若《苏联纪行》等受读者欢迎的著作。中外出版社因此在战时重庆出版界赢得了显著的地位。

美新处当时能从美国得到空运到中国的新书,而刘尊棋又往往是这些新书的第一位中国读者,凭着他长期新闻工作锻炼出来的敏感,就能为中外出版社选定那些最宜于译出的好书。他这样做,中外出版社做好了出版工作,美新处也得以做好它分送新书的工作。

除了书籍之外,中外出版社 1944 年还创办了《文汇周报》。这刊物由陈翰伯主编。当时我国著名国际问题评论家乔冠华、章汉夫、金仲华、石啸冲、陈原等都时常为刊物撰稿。刘尊棋为它选送美国报刊上一些最值得阅读的文章。因此《文汇周报》不仅有本国知名作家的作品,也有国外知名作者作品的译文。它可读性强,每期销达 4000 多份,是抗战时我国大后方销量较多的一种刊物。

中外出版社由于经营有方,团结了不少进步文化工作者,抗日战争胜利后总社移到上海,在北平设了分社。

中外出版社的社长是孙伏园，但它实际上由刘尊棋以总编辑的身份主持全社工作。刘从容经营的有利条件，是美国新闻处对他的信任和支持。他像当今有眼光的企业家一样，利用外国的资源办起了中国人自己的事业。

从《联合日报》到《联合晚报》

待到抗日战争胜利后，美新处决定把总处移到上海。刘尊棋被派到上海开拓新的局面。这时最初策划在中国创办美国新闻处的费正清奉命担任美新处处长。刘尊棋在上海重建中文部后，又劝说美新处领导开办一种日报，取名为《联合日报》。《联合日报》既名为"联合"，符合当时美国发起联合国的要求。美新处像信任刘尊棋主持中文部一样，放手让他主持《联合日报》。这报纸创刊的时间为1945年9月。当时本文笔者还在重庆，据陈翰伯的回忆，刘尊棋在创办《联合日报》时，曾借助美新处的势力接收了在日本统治下出版过的《新闻报》。翰伯说过，刘尊棋和曾为美军司令部服务过的吴大琨两人初到上海时，穿着美军服装，腰间别着美制手枪，开着吉普车，耀武扬威地丌进了《新闻报》，报馆的人看到这副架势，谁也不敢说个不字，他们就轻而易举地接管了报社。《联合日报》就利用延安东路这家报社的设备和办公房顺利地开张了。

《联合日报》出版期间，报名下一直注明"总编辑刘尊棋"，同时说明"由美国大使馆新闻处主办"。它的实际工作完全由刘尊棋和他所聘用的一批进步人士负责。它的经理是上海工商界地下党员王纪华，主笔是地下党员、以前《世界知识》的负责人冯宾符，报社编辑部其他负责人有郑森禹、陆诒、袁鹰、乔石、陆慧年、谢公望、杨学纯等，编辑部和经理部的工作人员中不少是中共地下党员。

《联合日报》在抗战胜利后的上海，独树一帜，坚持中国应进行民主改革的主张，反映各国人民热望世界和平的愿望。而当时国民党在上海接收的报纸都忙于为蒋介石政府摘取胜利果实的宣传。《联合日报》对中国共产党和各民主党派的活动进行客观报道，而国民党的报纸则一贯采取排斥态度。《联合日报》的出版有利于上海和华东一带人民了解当时中国政局的真相，对进步力量争取和平与民主的斗争是有帮助的。

大约在1946年春，美国政府由于二次大战早已结束，战时的宣传工作规模必须紧缩，对在中国的美国新闻处进行缩编裁员。《联合日报》也终于停刊。这时刘尊棋决定在中共地下党组织的支持下，利用《联合日报》的基础，改办《联合晚报》。他辞去了美新处的职务。

《联合晚报》在党组织的直接领导下，反独裁、争民主、反内战、争和平的态度非常明朗，对上海和其他各地的民主运动进行积极的报道。1947年5月，这报纸终于被国民党反动派封闭。

年轻的同事们

在这里应该提到刘尊棋在美新处工作期间另一卓越的成绩：在他主持美新处中文部的几年期间，他聘用的许多年轻工作人员得到了培养和锻炼。由于他们同外国人打过交道，他们中间不少人在解放后分别担任了外事或对外宣传的工作，为新中国的建设作出了贡献。

当年在美新处中文部主持过专稿翻译工作的朱葆光，解放后从事外国文学作品的翻译工作，曾任人民文学出版社主任编辑。

与朱葆光同在专稿翻译组工作的孙少礼，解放前就参加了军调部中共方面的调研工作，以后随柯伯年研究美国问题，参加了《美国手册》的编译工作，解放后在外文出版社工作。

另一个同组的翻译郭达，是刘尊棋早年的老朋友，解放后曾在人民政府外交部工作，长时期派驻国外。一度在英国的我国代办处工作。80年代参加英文《中国日报》，是英文报创办时最早的工作人员之一。

参加新闻电讯组翻译工作的沈苏儒，解放后在爱泼斯坦主持的《中国建设》工作，是爱泼斯坦所著《伟大的女性宋庆龄》这一传记的译者。同组的符家钦解放后在外文出版社工作，曾翻译《沈从文传》等英文著作。

同组的孙承佩解放后主要从事统战工作，但他也先后翻译了斯诺的《战时苏联游记》和英国记者斯坦因的《红色中国的挑战》，还译过《马克思恩格斯论美国》、《列宁论托尔斯泰》等书。

参加美新处中文部新闻资料组工作的张维冷，解放后曾任新华通讯社驻印度记者，以后长时期在中共中央联络部工作。同组的王章麟解放后在外交部礼宾司工作。

本文作者也在新闻资料组工作。解放后曾任《光明日报》国际部主任，英文《中国日报》副总编，还翻译了一些帮助中国读者认识美国的书。

我这里例举的情况是不完备的。实际上刘尊棋在美新处的影响超出中文部之外。他推动和帮助过中文部以外许多中国工作人员。

不平凡的四年

从1943年起，美新处总处换过多任处长。负责时间较长的叫史蒂沃特；戏剧评论家华兹和图书馆专家贺兰也当过处长；临近抗战胜利时，担任处长的是较年轻的康纳斯。他们都很信任刘尊棋；处长们同国民党政府宣传处处长董显光往来时，有刘尊棋参加。当处长们接待《新华日报》负责人章汉夫、乔冠华和龚澎时，刘也参与其事。

当美新处在重庆两路口建成新址以后，美国职员都集中居住在大院内的宿舍里。大院里居住的唯一华籍职员就是刘尊棋，他在办公楼旁边盖了一幢高脚楼，一家人都住在楼里，这是因为美新处的领导经常需要向他咨询。不单因为他英语说得好，主要因为他足智多谋，了解中国，也了解世界。

在美新处负责人的眼里，刘尊棋是最得力的华籍工作人员。担任过美国新闻处处长的费正清，在他二次大战以后所写回忆录《中国之行》一书中，提到美新处时说过，刘尊棋是“华籍工作人员的领导人”，还说刘“具有专业才能”，新中国拥有刘尊棋、金仲华、杨刚、宦乡等人是一股惊人的力量。

另外，抗战时期国民党的中央宣传部对刘尊棋在美新处的工作十分忌恨，怀疑他是共产党人。南京解放时从国民党中央宣传部搜到的密档中有份“供职美新处有共党嫌疑者”的黑名单，上面就有刘尊棋的名字。

其实，国民党的情报是落后的。刘尊棋早在1931年就在北平加入了共产党，仅因党组织对他的误会，才失去了组织关系，但他仍然为党和人民的利益坚持工作，抗战时期并同中国共产党南方局有秘密联系。《新华日报》的徐迈进就常到美新处同刘尊棋联系。刘在美新处的这一段经历对我国人民革命事业有卓越贡献。

刘尊棋在1949年9月被中共中央批准重新入党。1978年经过组织上复查，恢复了他从1931年入党时起算的党籍。这就是说，党组织承认了他从1933年至1949年期间失去组织关系时期的党龄，其中就包括1942年至1946年间他在美国新闻处工作的不平凡的四年。

刘尊棋和《中国日报》

在 1981 年以前,尽管新中国已成立了 32 年,但没有出版过一张全国性的英文日报。上海解放之后,一度出版过一张《上海新闻》,主要为留住在当地的少数西方人服务的,办了没有多久就停办了。以后,政府执行"一面倒"和闭关自守的对外政策,没有办过英文报。供国内少数外国人阅读的只有新华通讯社的英文电讯稿和外文出版社出的一些刊物。

在 1957 年之后,与西方有过历史关系的知识分子特别不受信任,外文出版社出版的刊物规定为"中文定稿",这就是说,刊物上发表的文章一律先写出中文稿,由领导审定,然后逐句逐段由写外文的人员把它译成外文。这样制作的外文文章,不免中腔中调,外国读者觉得不流畅,甚至看不明白,但是当时主管宣传的领导认为这样的方法可以"口径一致",可靠。于是,在中共第十一届三中全会之前,对外的新闻报道和刊物都效果不好。

十一届三中全会之后,胡耀邦主持中央工作时期,召开过一次对外宣传工作会议,对过去的对外宣传工作进行了实事求是的总结,提出了新的对外宣传工作的方针"大胆、活泼、全面、及时”。这些方针给中国日报的诞生和健康成长起到了推动作用。

《中国日报》的诞生主要由于我国实行改革开放政策,实行和平共处的外交政策,到我国来的各国外交工作人员、外商、外国留学生,特别是外国旅游客人逐年增加,他们都需要读报,新华社的通讯稿和出版社的刊物都满足不了这项要求,一张英文日报的出版已经成了必不可少的需要。

《中国日报》最初由外文出版事业管理局和《人民日报》的一部分同志奉命筹备。他们按照中央新的对外宣传工作方针,积极工作,从全国调集一部分英文工作干部,终于在1981年6月1日开办了新中国第一张全国性英文日报。最初由于人力不足每周出报5天。不过这也足以说明我国新闻事业在新时期的一个跃进。

早在1978年秋,刘尊棋还刚到大百科全书出版社工作的时候,他就有一次对本文作者讲起过:新中国应该有一张英文日报了,他很愿意为这张报纸当一个专栏作者,经常为它撰写文章,评论国内外大事。当时我们都没有想到英文日报会在几年之内出版。可是,在改革的年代,事业的发展就这么快,刘尊棋的希望终于实现了。

“新官上任三把火”

1981年8月,刘尊棋终于离开中国大百科全书出版社,接任了《中国日报》总编辑。这一年他70岁了。但是,老当益壮,干劲不减当年。他非但坚持天天上班,还一再表示愿意值夜班。

常言道,“新官上任三把火”。尊棋同志到《中国日报》之后经过一段时间的调查了解,就提出了改进报纸的三个主意:

第一个主意是要发表报社自己的评论。在他到来之前,《中国日报》已经有个言论版,发表全国各兄弟报纸的言论,也发表一些外国报纸的评论,还有一些署名的论文和小言论,但还没有自己的社论或评论,刘尊棋认为,《中国日报》应该是中国的喉舌之一,对外代表国家说话,发表对国内外大事的评论。他主张这张报纸的评论不要有说教式的八股腔,一定要写得立论鲜明、文笔生动。

他组织了一个评论小组,自己动手写了用“本报评论员”名义发表的第一篇评论。从此这种评论就在报上持续刊出,为各国外交人士和新闻记者们所重视,被看作是我国具有代表性的舆论。

第二个主意是要办一个特写专页。在他到来之前《中国日报》已经发表了一些特写,但是数量不多,有的还是外国通讯社供给的,发表得也很分散。他主张办一个名叫“生活与人物”的专页,集中发表一些反映中国社会风貌、具有“人情味”(human interest)的新事物特写与人物素描。

凡事开头难,为办这样一个一周出5天的专页酝酿了好几个月。尊棋同志亲自规划,多次动员,终于让三个女青年担当起了编辑专页的重任。

1983年1月3日,第一个“生活与人物”专页呱呱坠地。发表的是一篇《人们的新年畅想》,由四位同志分别采访,合作写成,内容丰富,形式新颖。第二个专页发表的是一个街道办事处主任的访问记，这个新社会公仆的故事被写得娓娓动人，耐人寻味。以后专页上还发表了《许世友将军的武艺》、《女驯虎员》与《中国普通工人的家庭经济状况》等文章，篇篇都是特写，情文并茂，外加插图，使这个专页成为《中国日报》读者喜闻乐见的特色之一。

“特种混合部队”

第三个主意是要开展新闻采访，增加本报特讯。《中国日报》开创之初，人手较少，主要应付编辑工作。消息依靠通讯社供给，中文报上的“本报讯”也翻译一些，消息显得既少又慢。随着报社人员稍有增加，尊棋就力主开展新闻采访。他建议在设立专门的采访部门之前，先从各个专业组抽人，集中起来，成立一个“特种混合部队”(Task force)，专搞采访与写稿。

外国读者比较重视中国政府重要人物的谈话，尊棋率先示范，访问了薄一波同志。他同薄一波是老熟人，“铁窗大学的同学”。但是这次他是以《中国日报》记者的身份同薄老进行谈话。薄老会见记者也经验丰富。他们俩的一问一答着眼于中外读者所关心的事情。刘尊棋这次访问之后，《中国日报》刊出的这类报道，成了不少外国记者争先转发的中国要闻。

在《中国日报》的领导班子中，刘尊棋是个“激进派”，他主张《中国日报》也要发扬拼搏精神，“冲出亚洲，走向世界”。他认为在香港办一个航空版还很不够，一定要在那里设个得力的办事处，去开拓一个对外工作的新局面。1983 年 6 月，他和几个同事一起去美国开办《中国日报》的北美版。他们在美国几个主要城市作了考察。刘尊棋接受一些美国报刊的采访,他向他们宣告:《中国日报》还要努力工作,大力推广,要让世界上更多的读者看到,而且真正喜欢它。

在刘尊棋主持编务的几年中,《中国日报》的销量和声誉都增长得很快。

刘尊棋 1987 年离开《中国日报》以后,报社的同事都非常想念他。1991 年他 80 岁生日时,报社曾为他举行了一个庆祝的集会,同事们讲了他许多的光辉事迹,第二天《中国日报》还发表了有关的消息。刘很谦虚,谢绝了这一类的活动。

1993 年 9 月,刘尊棋因病去世后,报社为他在八宝山举办了隆重的告别仪式,全报社的职工几乎都去参加了,对他表示哀悼。

1994 年刘去世一周年时,报社对他的怀念更深了,许多同志写了悼念他的文章。报社原社长江牧岳在他的文章中深情地说过:“我仰慕的尊棋同志,在几十年的坎坷生活中,仍然坚持了自己为之献身的伟大理想,确实是我们学习的榜样,记者的楷模。”报社还开了一次追思的报告会。刘晚年的所有有价值的图书都由他的夫人捐赠给了报社。刘尊棋对《中国日报》的深刻影响还在延续。

毕生苦斗　功绩辉煌

——深切怀念刘尊棋同志

著名新闻工作者、出版家刘尊棋同志在今年初卧床不起，滞留于北京协和医院八个月，终因积弱多病，不治去世。他忠于人民解放事业的一生，坎坷而不平凡的一生，于1993年9月5日划了个光辉的句号。中国共产党十分重视这位功不可没的战士，中央党报为他发了讣闻，称他为“新闻出版界元老”；他的骨灰已陈放在八宝山公墓第一陈列室，与许多党国英烈长眠在一起。

尊棋同志20岁就开始了显示英才的新闻生涯。最初在1931年任苏联塔斯社北平分社翻译和记者，从此干到风烛残年。到80年代后期，终因年迈离职，但仍不顾哮喘和脑血栓的困苦，竭力写作不辍。

纵观尊棋同志一生82个年头，其中解放前工作了近20年，解放后工作了不过16年。一生中两度入狱，长时间处于受屈蒙冤的逆境，但是他忠于人民，坚持苦斗，终于在36年工作的年月里，创立了突出的业绩。

在这36年中，尊棋同志在三个不同时期展现了他的创业才能，三度辉煌。

第一个辉煌时期

第一个时期是从1931至1949年。1931年1月尊棋已加入中国共产党，开始地下活动。当年正逢华北国民党当局竭力反共，搜捕中共地下党员，华北许多担任重要职务的党员被捕入狱，尊棋同志也同期蒙难，与薄一波、刘澜涛、杨献珍、安子文等同被监禁在北平草岚子监狱，历时22个月。后因宋庆龄主持的民权保障同盟尽力营救政治犯，尊棋同志被先期释放。但狱中党组织误以为他自首出狱，将他开除出党，使他从此失去了组织关系，一直到1949年才重新入党。

1931年日本开始侵占东北以后，民族危机更加突出。中国共产党开展抗日救亡运动，认真团结一切进步力量；尊棋同志本人仍尽力响应党的号召，为贯彻党的政治路线工作。

早在1933年和1934年，尊棋同志曾先后利用塔斯社记者身份，同共产党员张友渔、徐冰等合作，去游说阎锡山的部下，太原警备司令杨爱源和张学良将军抗日。

1937年抗战爆发，刘尊棋一度与在上海和救国会内的地下党员胡愈之、钱俊瑞等合作，开展对外的抗战新闻宣传。然后，他担任了国民党中央通讯社的战地记者，仍然多方为中国共产党开展新闻宣传。最显著的功绩有二：一是协助胡愈之、范长江创办在党的南方局领导下的通讯社“国际新闻社”。尊棋同志担任该社第一任社长，为该社取得了在国统区工作的合法地位。二是1939年9月，以中央社记者名义去延安访问毛泽东主席，突破了当时已蓄意反共大搞磨擦的国民党的新闻封锁，向海外公开宣传了中共坚持抗战、团结和进步的三点主张，毛主席通过这些谈话，表明了中共“人不犯我，我不犯人，人若犯我，我必犯人”的严正态度。毛主席这次谈话记录以后成为一个重要的历史文献，编进了解放后出版的《毛泽东选集》第二卷。

皖南事变后，中共南方局为保护刘尊棋这样的同志，安排他离开国统区，到新加坡再度与胡愈之合作，经办陈嘉庚支持的《南洋商报》。

1941年末，太平洋战争爆发后不久，新加坡濒危，尊棋同志经缅甸回国。当时美国已与中国一起对日本作战，美国在重庆筹设新闻处，尊棋同志在1942年末应聘担任该处中文部主任。他又多方利用美新处领导对他的信任，进行了许多有利于中国抗战和民主革命的工作：

一、他为美新处主持中文宣传，大量发布了重要的国际信息，其中包括苏联反侵略战争的捷报，鼓舞了国内人民抗战的士气。

二、促使美新处聘用了金仲华、韩幽桐、曹未风、孟用潜、孙承佩、朱葆光等中共地下党员和进步人士，从而使他们在国统区的革命活动得到了一定的掩护。

三、利用美国新闻处的物力办起了一个中外出版社，出版了当时重庆十分需要的进步图书，还办起了一本时事刊物《文汇周报》。

四、抗日战争胜利后，他在上海利用美新处的名义和支持，创办了《联合日报》，以后就在日报的基础上，改办为《联合晚报》，由中国共产党代表团领导，宣传了党的方针政策。尊棋同志一直参与实际工作。这家报纸在1947年被国民党所封闭。但是日报和晚报短暂的经历已由历史学家写进了当代的新闻事业史。

本文笔者1938年在国新社桂林总社工作时初识尊棋同志，1940年在重庆国新社办事处工作时又得到他的多方照顾。1941年我任《南洋商报》驻香港记者，尊棋同志正在该报编辑部主持新闻编辑。1943年我们同在美国新闻处中文部工作。我深深感到尊棋同志这位新闻界前辈是个杰出的人才，他机智勇敢，力克困难，在抗战时期的功绩非常突出。

二度辉煌

尊棋同志第二个辉煌时期是从1949至1955年。1949年3月尊棋同志经由香港返回内地。经过以前十多年的交往，中国共产党对他增加了信任，在大军南下解放上海之前，他被委任为南京军管会新闻处副处长，同年9月，党中央批准他重新入党。

第一届全国政治协商会议于1949年9月在北京召开，尊棋同志作为新闻界代表担任政协委员，参与了缔造共和国和中央人民政府的工作。这时新闻界代表共12人，都是党内外新闻界贡献卓著的人。

与此同时，新中国准备成立中华全国新闻工作者协会，刘尊棋担任了总会筹备委员会的九个常委之一。与他一起工作的是胡愈之、胡乔木、范长江、廖承志、张磐石、宦乡、恽逸群、萨空了等八人。由此可见尊棋同志在新闻界的重要地位。

中央人民政府新闻总署成立后，下设主持对外宣传的国际新闻局。乔冠华任局长，刘尊棋任副局长。乔冠华这时主要在外交部工作，因此尊棋同志实际上担任着该局的主要负责人。他负责组建一个有力的机构，承担各项对外宣传工作，其中主要是对外发行期刊的编辑和出版工作。尊棋同志曾亲自担任该局英文刊物《人民中国》的总编辑。当时该局重用了不少刚从国外归来的留学生，还聘用了不少外国专家。他们通力合作，打开了新中国对外报道的新局面。

1953 年 1 月，这个国际新闻局改为外文出版社，尊棋同志改任该社副社长兼总编辑。著名的俄文翻译家师哲任社长。

就在这几年，尊棋同志曾不时为毛泽东、刘少奇等国家领导人与外国重要来宾会谈时担任翻译。他承担这项任务充分说明中央对他的信任。

但是 1955 年审干时，因组织部门对尊棋同志仍有历史误会，将他降职使用，在外文出版社担任一般工作。到 1957 年又将他划为右派，清出干部队伍，下放到东北农场劳动改造。一个足智多谋、卓具贡献的老党员又一次被排出了党外并且成了“历史反革命”和“右派分子”的双料罪人。他辉煌的事迹陡然中断了。

在 1949 到 1955 年间，我在北京《光明日报》工作，但仍与尊棋同志往来。国际新闻局负责翻译共产党情报局的机关刊物

《争取人民民主,争取持久和平》英文版时,尊棋同志曾推荐我担任部分翻译工作。

但是,这一阶段是我们工作上联系最少的阶段。我对他突然降职和1957年突然不知去向、沉沦无闻感到十分惊愕,英才被淹没,这是共和国的重大损失!

三度辉煌

幸亏1978年冬,中华人民共和国开始进入了新时期,党中央拨乱反正,几十万不幸的知识分子的冤案得到了改正。尊棋同志经历了严重的坎坷,带着严重的肺气肺病,从长沙劳改的场所回到北京,并恢复了新闻工作。他当时已67岁,开始写出了他的老兵新传。

1979年,中共中央组织部经过复查,对尊棋同志历时45年的冤案,作了平反改正的结论,恢复了1931年1月入党的党籍。他成为党龄很长的老党员,他当然非常激动。

他参加了姜椿芳同志发起的中国大百科全书的事业,帮姜招兵买马,组织一支干练的工作班子,还帮着设计大百科全书的框架和编辑方法,发挥了他足智多谋的作用。他还为该社创办了一本刊物《百科知识》,为大百科全书鸣锣喝道。

他在该社更重要的贡献是主持《简明不列颠百科全书》的编译工作。《简明不列颠百科全书》是本美国编辑的百科全书,内容简明,水平中等,切合我国新时期开展改革开放工作的殷切需要。但由于政治观点不同,尊棋同志组织许多专家学者,改写了这本百科全书全部有关中国的条目。

这部百科全书出版后,受到我国知识界的热烈欢迎。邓小平同志重视这部新书;中央领导曾将它作为礼物馈赠外国贵宾。

这部百科全书的版权页上印着《简明不列颠百科全书》中美联合编审委员会中方主席刘尊棋,委员钱伟长、周有光等字样。

1981 年 6 月,英文《中国日报》已经出版,总编辑一职依然空缺。报社多方物色人选,终于找到尊棋同志。当时他在百科全书出版社的工作还没有完结。他一担任新中国第一张全国性英文日报的总编辑,就突破了中国对外报道上的一些陈规旧律,他使报纸发表自撰的时事评论,开口对外国读者说话;使报纸发表采访本国政要的谈话,增加时事信息;使报纸开设《人物和生活》专页,发表了许多有“人情味”、可读性强的特写。

他十分重视培养和提拔青年记者,相信只有依靠一批大有作为的接班人,才能使报纸冲出国门,走向世界。《中国日报》在他任内,显示了蓬勃的青春生气。而这时尊棋同志本人已年逾古稀。

1985 年,他终于因年迈体弱,从新闻岗位上告退。但是,一直到 1991 年他 80 岁时,报社仍眷念着他,为他举行了祝寿的集会,怀念他创业的事迹和经验。他本人非常谦逊,谢绝出席。

1987 年他已卸去一切文化工作实际职务,仅任全国政协常委和全国记协的副主席,但当一批热心的青年干部发起举办《新中国一日》文集时,又邀他出任该书的主编,主持这项浩繁的组稿和编辑工作。

当年编辑部收到应征文稿13,000多篇,编辑们筛选了其中

460篇，经过编辑加工和校核，这本巨大的文集终于在1989年1月问世。尊棋同志为该书撰写了前言，表明了编书的宏图，气魄不减当年。

《新中国一日》是1936年文豪茅盾主编的《中国的一日》的姐妹篇，是一本具有历史意义的纪实文集，是一种新的《春秋》式著作。

尊棋同志非常珍惜他的有生之年，在他最后能动笔的年代还翻译了一本历史著作——美国历史学家、汉学家费正清撰写的《伟大的中国革命1800—1985》（其中记录了“文化大革命”和新时期改革开放的重要史实）。他为宣扬真理工作几乎达到了殚精竭虑的程度。

在这一阶段，本文笔者又有幸先后于大百科全书出版社和《中国日报》两处在尊棋同志领导下工作，他忘我工作老当益壮的精神深深地感染了我，使我感到他真是一个俯首甘为孺子牛的人，一个克己奉献、无怨无悔的人。

辉煌的由来

怀念尊棋同志三度辉煌的事迹，就会联想到他勤奋的学习精神，这是他辉煌的由来。

它同新闻出版界许多前辈一样，并没有高深的学历。他出身清贫，曾是厨师的儿子，靠打工读完中等职业学校，学的是会计，由于学校是教会办的，重视英语教学，他学了英语。以后又靠打工在北平燕京大学旁听，靠读大学图书馆的书学到了五四之后民主主义和社会主义的革命思想。在恋人和妻子共产党员郑倚虹的影响之下，他参加了左联的文艺活动，并加入了中国共产党。1931 年他参加苏联塔斯社北平分社的工作，1934 年参加《北平晨报》的工作，受到了新闻业务的多种锻炼。

他在 1931 年被捕入狱后，在狱中过了近两年的铁窗生活。狱中，党小组开展理论学习，哲学家杨献珍曾为狱友讲解唯物辩证法，尊棋同志深受教益。

他在 1988 年所写一篇题为《我是怎样走上新闻记者道路的》的回忆文章中说过：

"在我的一生中，监狱生活的年月，是学习共产主义理论最好的时期。直到现在，我对于一切事物都互不相同，永远在变化，一分为二，肯定—否定—否定的否定等最基本的辩证法法则，以及经济基础和上层建筑的相互关系原则，这样一些知识，还是在监狱时期学到的，而且至今还看作真理。"

尊棋同志不是天才。他的博学多能，多才多艺，都是在新闻和出版工作的实践中练成的。

他除了远见卓识以外，还有宣扬真理的执着精神，突破各种艰难的创业精神，善于团结同志的组织能力，这些都是他取得辉煌成就的主观条件。

尊棋同志取得成就还有一个重要的客观条件，那就是，中国共产党组织上对他的爱护和信任。尽管由于蒙冤，他损失过许多宝贵的年华，但是他过去 36 年间的每一项有利于人民解放事业的重要成就，都是在党的正确路线的引导下，以及具体的帮助下方才取得的。

今天,就我这样的后辈来怀念尊棋同志,自然不能限于赞扬和感叹。还重在继续向他学习,学习他的一切优秀品质,并像他那样始终激流勇进,努力工作,直到长眠不起。

(原载 1993 年 12 月《重庆报史资料》)

姜椿芳和中国大百科全书

一

姜椿芳同志是我国当代的一位杰出的翻译家、新闻出版家和多才多艺的文化工作者。在70年代经历文化大破坏之后，他不顾七年监狱生活给他带来的肉体和精神上的创伤，意气风发地投入了出版中国第一部现代形式的百科全书的筹备工作。到他1987年去世前，《中国大百科全书》终于陆续出书，充分体现着他晚年对我国社会主义建设事业的卓越贡献，也体现着他毕生忠于人民事业的奋斗精神。

笔者有幸早在抗日战争胜利之后就结识了这位革命文化工作的先驱者。1978年冬，祖国大地开始解冻复苏，我从东北流放地返回北京，参加了椿芳同志草创中的大百科全书出版社。

当时椿芳同志多次向我们20多位职工讲述关于出版中国大百科全书的构想。为了得到社会各界的支持，他曾在我参与创刊的《百科知识》杂志第一期上发表《为什么要出版中国大百科全书》一文,作为刊物的“代发刊词”。他认为:“百科全书反映一个国家的文化面貌。我国至今没有编出这样的书,是很不适当的。对国内人民来说,也确实有早日出版中国百科全书的必要,这首先是为四个现代化服务,为提高中华民族的科学文化水平服务……出版百科全书是一项科学文化的基本建设。最近二三百年世界科学文化的发展,尤其是最近二十年科技的突飞猛进,学科的门类愈来愈多,内容日新月异,人们要获得这些新知识,非来一部包罗万象的‘全书’不可。我们要编的《中国大百科全书》,就是具有中国特点、中国风格,适合于中国广大读者需要的书。”他还提出一些编辑中国大百科全书的具体要求。1979 年 5 月《人民日报》转载这篇文章,深受各界人士欢迎。

一国文化繁荣,往往是在它承平与安定的时期。我国古代的许多重要的类书、丛书都是在国运昌隆时期出版的。椿芳同志出版百科全书的构想也正好是在我国力图振兴的新时期。大百科全书事业最先在 1978 年得到国家出版局、科学院和社会科学院的支持,然后由党中央批准并成立一个强有力的编辑委员会,椿芳同志任副主委,并兼任出版社的总编辑。

二

中国大百科全书出版社可以说是白手起家的。出版社最初设在向人民美术出版社租借的三间平房内,由于面积实在太小,办公桌横七竖八地摆满了屋子,工作人员进出都有困难。但椿芳同志满怀信心,已在设想国家最大出版社之一将来该有多大的规模。

建社初期，他请国内一部分最有经验的出版专家和学者如张友渔、刘尊棋、曾彦修、倪海曙、朱语今、周有光、唐守愚等人到编辑部与他合作。这些同志帮助他出谋划策，起到过锦上添花的作用。

我曾经参加过当时编辑部讨论《全书》初步计划的会议。《全书》究竟该怎么出，众说纷纭，莫衷一是。椿芳同志胸有成竹，对诸子百家的意见兼收并蓄，融会贯通，终于取得了最佳方案。

在《全书》出版时间问题上，椿芳同志坚持要早出，认为："代表我国文化面貌的《中国大百科全书》迟迟不出，对于一个有数千年历史，有九亿人口的国家来说，是很不相称的。老一辈专家学者都上了岁数，新的一代由于'四人帮'的干扰破坏，没有培养起来。在这青黄不接之际，要赶快依靠目前还健在的有才能、有成就的优秀力量来编写这部巨著。世界科学文化突飞猛进，也不容许我们慢慢地来编辑出版国内外科学文化新成就的工具书。"他主张用十年或稍微长一些的时间完成出版《全书》的任务。按我的回忆，椿芳同志以后一直坚持的"三不变"方案，这是初期编辑部的人们共同商定的。这"三不变"就是：一、全书综合性和大类分卷的编法不变；二、75 卷的规模不变；三、10 年左右出齐全书的目标不变。

1978 年《中国大百科全书》的第一卷《天文学》卷开始筹备时，椿芳同志亲自出马，到处奔走与参加该卷分编委会的知名天文学家们密切合作，力求贯彻编辑意图。《天文学》卷的筹备会议先后在昆明等地举行，椿芳同志都亲自前往参加讨论，帮助确立模式、框架，以便取得经验，在其他各卷推广运用。1979年《天文学》卷起步后，紧接着符合国家法制建设需要的《法学》卷开始发稿付印，《体育》《外国文学》《考古学》《戏曲·曲艺》《环境科学》等卷也由各个分编委会陆续上马，75卷的总体规划终于具体化。

应该提到，就在这几年中，出版社同时出版了《简明不列颠百科全书》，它是出版社和美国不列颠百科全书公司合作完成的。刘尊棋同志任主编。这个10卷本的中型百科全书的内容，主要是从美国出版的第15版编译的，它在1986年8月全部出齐，受到海内外知识界的热烈欢迎。

大百科全书的筹备与出版，引起了国内学术界出版各种百科全书的兴趣。姜椿芳同志被纷纷邀请担任指导和顾问。他理所当然地被人们认为是我国百科全书事业的奠基人。

三

姜椿芳同志之所以能开创《中国大百科全书》的事业，按笔者的体会，不仅由于他是个有经验的出版家，有百科全书般的知识，还由于他具有一些非常突出的高尚思想和作风。

一、他像当代我国另一位杰出的出版家胡愈之一样，一贯抱有普及知识、为群众启蒙的理想。出版百科全书的构想是“文化大革命”中他在监狱中酝酿的。据我的了解，他痛感当时文化遭到了空前的灾难，灾难过去之后，人民更需要民主与科学的知识，文化需要重建。他追踪法国启蒙时期的文化巨人、法国百科全书主编狄德罗，认为中国也需要建设“没有围墙的大学”，广育建设最需要的人才；对“四人帮”的破坏要反其道而行之，百科全书正是对“知识无用”这种谬论的反击。他出狱后全部精力就用于实现这个拨乱反正、重整文化的勇敢决心。他认为出版百科全书是“历史赋予的任务”“人民的需要”“世界潮流的必然产物”。他自称这些年他干的工作是“拓荒”，要使祖国荒芜的文化园地重新绿化。

二、他真诚地尊重人才，热爱同志。解放前，他能在万分复杂的沦陷区和国统区开拓进步文化事业，就是由于他珍视与志同道合的人亲密合作，同心同德克服千难万险。出版百科全书又是一项空前艰巨的出版事业。全书几十个学科卷需要数以千计的编委，数以万计的撰稿人，光是出版社的编辑人员就是一支几百人的队伍。椿芳同志以他一片真诚和谦逊态度对待每一个工作人员，热情欢迎他们参与工作。我清楚地记得，编辑部刚建立时，大部分年长的主要工作人员都是多次政治运动中被整倒过的知识分子。他爱才如命，在人事上完全摆脱过去的极左框框，他把这些有成就的专家学者一个个吸收入社，并给予应有的信任，生活上也给予细心的照顾。他曾亲自把总编委的聘书送到编委们的家里，其诚恳与谦虚犹如《三国演义》所写的“三顾茅庐”的刘备。当时帮助姜椿芳团结同志的是阎明复同志。他们俩的亲密合作，为大百科全书出版社奠定了坚实的人力基础。大百科全书的成就是大团结的成就，是椿芳同志贯彻统战精神的显著成就。

三、他认真贯彻双百方针，尊重科学，实事求是。早在1979

年春,他领导制定的《中国大百科全书》的编写条例草案中明确提出:"《全书》的编撰工作贯彻'百花齐放、百家争鸣'的方针。介绍文化、科学知识时,要持客观态度,实事求是,对学术上有争论的问题,应反映各家学说。""对中外古今人物要权衡其历史影响和学术成就选列条目。凡学术上有成就的人物,不论政治地位和政治观点如何,都应有适当的介绍。"1979 年春,"四人帮"流毒犹在,在当时强调双百方针无疑是勇于坚持真理的表现。以后椿芳同志在解决许多具体问题时曾毫不动摇地坚持这个方针。《天文学》卷编撰时,椿芳同志曾果断地决定在世界天文学家条目中增加曾任国民党政府"立法委员"的天文学家张云一条。1981 年《体育》卷定稿时,知名运动员中收进了庄则栋这一条目,作了客观的介绍。《法学》卷肯定了"资本主义法"在资产阶级革命时期的进步作用,肯定了法国"人权宣言"确认"财产是神圣的不可侵犯的权利"在历史上起过进步的作用,它促进了资本主义经济的发展,为整个社会生产力的增长创造了条件。"资本主义法"规定"法律面前人人平等"的原则,否定了封建特权制度,在资本主义确立时期也起过革命的作用。类似的例子不胜枚举,都说明姜椿芳作为《全书》的总编辑,在学术上始终坚持着辩证唯物主义和历史唯物主义的科学态度。

四、他能深入实际,密切联系群众。《全书》是个大事业,参加工作的人员数以千计,《全书》的出版是一个"多兵种大部队"的行动。在出版社整整 9 年的时间内,椿芳同志不仅是《全书》的总设计师,也是总指挥。在《全书》各个分编委会工作的场所,都有过他亲自考察的足迹。黄鸿森同志回忆说,《全书》几十个学科卷,其中体例的创立,框架的制定,条目的拟订,印刷发行的安排,每一个步骤,每一个措施都有无尽无休的大小难题由他处理,由他作出选择。他夜以继日,呕心沥血,为中国的百科事业奋斗到了最后一息。

青年编辑是大百科的骨干。椿芳同志对他们都作过细心的指导。他说过语重心长又感人肺腑的一番话:“我是一个编辑,我深知当编辑的艰苦。但是当编辑苦中有乐,如果没有编辑来编书,知识怎么传播,不是吗?没有书,人类的知识怎么积累?”他还说:“要当一个好编辑是不容易的。这因为编辑是个无私奉献自己才华的职业,当编辑要有这种崇高的思想情操。此外,当好编辑要刻苦学习,要学习自然科学知识,要学习社会科学知识,尤其是当百科全书的编辑,要学习百科知识。”他的这些话在大百科的青年编辑中产生了极好的影响。如果这10年来,没有这些青年人安心并积极为《全书》工作,《全书》的出版也是不可能这么顺利的。许多方面的成就说明,椿芳同志是个很得人心的领导者。《全书》这一文化壮举迅速取得了成果,丝毫不是偶然的。

笔者参加了1988年1月6日姜椿芳同志的追悼会,感到会上的气氛不同一般,挂满会场内外的挽联道出了各界人士对姜老深切的悼念。上千名与会者中间,有一大部分是受益于姜老的文化工作以及他的译作和《中国大百科全书》的读者。

姜椿芳同志毕生从事文化工作的业绩,必将流芳千古。

(本文写于1988年6月29日)

记黄药眠大师

1939 年,抗战时期大后方的“文化城”桂林。

诗人和作家黄药眠当时才 37 岁,他中等身材,衣着朴素,脸上经常带着微笑,下颌留着列宁那样的山羊胡子,一派教授风度。可是当时他没有担任什么高等院校的教职,却当着一个才成立的“国际新闻社”的总编辑,带领着十来个刚参加通讯社工作的小青年。本文作者就是这批小青年中的一个。

国际新闻社是中国共产党在国统区创办的新闻宣传机构。除了胡愈之、范长江、孟秋江和黄药眠等几位负责人之外,都是 20 岁左右的年轻人。通讯社当年要担负报道战时国家大事的重任,就需要把这批小伙子培养成思想进步、作风正派的新闻战士。

那时胡愈之、范长江忙于社会活动,秋江忙于筹措资金、安排同志们的生活,黄药眠成了我们这支队伍的日常教练。

黄老师领导我们的学习讨论会。他很放手,总让我们先各抒己见,畅所欲言。有时我们发生争论,各不相让,争得面红耳赤。这时黄老师才平心静气地讲出自己的意见,针对我们之间的分歧作些分析。他讲的道理清楚明了,常常使我们又佩服又感激。

黄老师是我们的总编辑,我们在新闻业务上的问题也向他请教。他曾根据我们的不足,同长江、秋江他们合写了一本小册子,书名为《新闻的采访和写作》,供我们作为业务学习的教材。

我记得他曾经倡导我们读三本书。一本是毛泽东的《论持久战》,它是对抗战形势的基本分析。第二本是苏联学者列昂节夫的《政治经济学》,它教我们明白最基本的社会科学知识。第三本是埃德加·斯诺的《西行漫记》。它教我们认识中国共产党和它所领导的陕甘宁边区才是中国的希望,另外当记者就该像斯诺那样传播人民最渴望的新闻,当人类新社会的号角。

1939 年,我有半年时间,在编辑部当黄老师的助手,协助他处理通讯稿件。我知道不少通讯是业余通讯员写的,有词不达意的,有杂乱无章的,有空话连篇的,黄老师都细心对待,或耐心地修改,或指示怎样重写。他认真批改稿子的精神令我感动。从他身上我领会了一个负责的编辑必须具有的服务精神;不肯花工夫处理别人文章的人当不了好编辑;编辑应该帮助更多新人迅速成长。

从我同黄老师的接触中,我了解到他不仅会英文,而且会俄文,曾在苏联工作过。(解放后我才了解到他曾是中国共产党早年很有作为的宣传工作者,曾为共产国际工作)他坚持进步的言行使我确信,他是个非常可敬的老师。

黄老师爱护我们国新社每一个年轻人,但对我们中间有几个人格外偏爱。其中一个是善于写诗的高咏。老师曾把他的诗推荐给桂林的报刊去发表，认为他是个新秀。高 1941 年到了山西敌后，在战争中牺牲了。黄老师为高的英年早逝感到十分悲痛。

国新社的社长长江对黄老师的工作非常满意。他认为青年记者们成熟得快，固然是由于年轻人自己努力，但是黄老师的精心辅导更起了巨大作用。当时全社的工作人员都只发生活费 15 元，唯独让黄老师领 40 元。但 40 元的月薪在当年也是微薄得很的。

长江同志感激黄老师的功劳，他率先称呼黄为"大师"。当时这"大师"的意义不仅指黄学贯中西，是个专家学者，而且是指黄是大家的老师，不仅是年轻人爱戴的老师。

长江社长的首创得到我们小字辈的衷心响应，从此都异口同声地称呼黄药眠老师为"黄大师"，有时就简称"大师"。后来连比黄大师年龄更大的文化名人胡愈之也和我们一样尊称黄为"大师"。

在国新社历史上有黄药眠这么一位"大师"，它的"诞生"说明当年全社同志的尊师重道，也显示了两代人之间的融洽关系。

意想不到的是以后"大师"的名声传到了桂林当地胡愈之主持的文化供应社，夏衍主持的《救亡日报》，不到一年，桂林文化界的熟人都把黄药眠称为"黄大师"。

而且，随着黄药眠以后到成都、到香港，他"大师"的称号也跟着到了那里。解放后，黄老师在北京师范大学当教授，在民盟中央当过宣传部长，他"大师"的称号就在北京传开了。

黄老师本人对于"大师"这个称号也感到高兴和安慰。他在他 1985 年所写回忆录《动荡——我所经历的半个世纪》一书里，几次写了我们这些青年记者尊称他为“大师”的情景。在这本书里，黄大师还提到了前辈记者陆诒，也提到了我，说国新社就是这批人坚持新闻工作直到暮年。

啊，大师，是您的培育，才让我有可能工作到了暮年。我永远感谢您。

从记者到学者

——记黎澍

从抗战开始的1937年到全国解放后的1955年，黎澍同志一直是个新闻工作者。1955年起，他逐步脱离新闻工作，开始历史研究，特别是现代史学的研究，成了一个历史学者。由于他学识渊博，富有开拓精神，对中国近代史的研究，迭出创见，卓具贡献，他成为我们国家理论战线上一员闯将，一个刚正不阿的思想家。他的经历是十分光荣的。

笔者在解放前，两度同他在一起工作，一次是在国际新闻社桂林总社，另一次是在上海《文萃》，主要是他从事新闻工作阶段。1955年以后，他在历史研究的领域内突飞猛进，发表许多颇有见地的杰作时，我只是他的一个忠实读者，不胜钦佩和羡慕。同他五十年的交往，外加诵读他晚年写作的文章，我深感他从新闻记者转变为历史学者的经历实在不平凡，很有一些突出的经验。他既有忠于人民，忠于真理的性格，又有独立思考、勇于开拓，不媚流俗的品德。他的一生确实是战斗的一生，而他的成就是令人肃然起敬的。

十七年新闻工作的锻炼

我最早认识黎澍是在1940年,他当时按照党组织的安排,来到初创的桂林国际新闻社,担任经理。这在黎澍一生的历史上是个偶然性的阶段。因为他在这以前一直是报纸的编辑,是从事文字工作的能人,而担任通讯社的经理是搞财务以至后勤服务的工作人员,不过也还是新闻工作者。

他在七七抗战开始之后,从北京返回家乡湖南,先后在长沙、邵阳,办过《火线下》三日刊和《观察日报》。后者是地下党湖南省委的机关报。他是该报的要闻编辑。

这张报纸得到当地许多卓越的文化工作者如张天翼、蒋牧良、王西彦、于刚、李锐等的支持,为广大读者所欢迎,是国民党地区少数颇为出色的进步报纸之一。1938年12月,只因为刊登了毛泽东在中共扩大的六届六中全会上的报告《论新阶段》,遭到了国民党的破坏,于1939年4月被迫停刊。

这以后,黎澍参加了1939年8月在湖南茶陵创办的《开明日报》,他任总编辑,但干了不到一年,又因为坚持进步立场,被迫离开报社,离开了湖南,到桂林参加了国际新闻社。

1941年皖南事变之后,国新社也被迫停闭。黎到了香港,在国新社香港分社主编通讯稿。年底爆发太平洋战争,他返回大陆,从1943年到1945年9月一直在成都主持《华西晚报》,任主笔。该报是当地民主运动的号角之一。

抗日战争胜利后,党组织调黎澍到上海,参加《新华日报》上海版的筹备工作,因国民党政府不许《新华日报》上海版诞生,黎一度进了以苏商名义开办的《时代日报》。然后他接办了政论刊物《文萃》,历时近两年,团结了当地许多进步作者和记者,使刊物成为党在国统区揭露国民党的重要喉舌。一直到上海白色恐怖高涨时,他才由组织上调往香港,先后任新华通讯社香港分社总编辑和《华商报》编辑。

新中国成立之后,他仍然从事新闻工作,曾任新华总社资料室主任、新闻总署研究室主任、中共中央宣传部报纸处处长,为时约5年。

在他从长沙到北京担任新闻工作的十七八年中间,他表现了地下党员的特殊性格:一、严守党的纪律,服从组织分配,党叫干啥就干啥;二、坚持着推倒蒋介石反动统治的理想,甘冒风险干革命,置生死于度外。

当年,他也写了许多时事评论文章,都已成了明日黄花,但是,这个阶段的新闻工作对黎仍然是重要的锻炼。他在新闻工作中加强了政治敏感,提高了分析是非的能力,增长了研讨社会发展问题的胆识。新闻就是明天的历史,历史是昨天的新闻,两者具有密切的联系,特别是近代史,更有直接的联系。十七年的新闻工作,更由于做的是报刊的编辑和评论工作,使他获得了进行历史研究的坚实基础。

实际上早在他正式离开新闻工作岗位之前,他已利用业余时间着手研究中国历史,写出了《辛亥革命与袁世凯》一书,显示了他的历史研究的才能。此后他走上历史学者的道路既是驾轻就熟,也是勇攀高峰的作为。

勤奋加坚定的信念

黎澍同志的历史研究是从党史开始的。他在1955年担任中央宣传部党史资料室主任,以后就改任中共中央政治研究室历史组组长,然后调任《历史研究》杂志主编、近代史研究所副所长。

由于他学有专长,而且著述增多,贡献突出,在史学研究方面的地位日益增高,到80年代,他已荣任中国社会科学院研究员,学术委员会委员,国务院学位委员会委员,中国史学会理事、常务理事,中国现代史学会会长。

从1956年到1988年12月9日,为时32年,他一直在进行历史研究和写作历史学文章。在历史学界,他不仅是个勤奋的学者,而且是个很有创见的学者。根据我的了解,黎澍同志出过五本集子,以历史评论文章为主的三本:一是《马克思主义与中国革命》;二是《再思集》;三是《论历史的创造及其他》。这三本书可以代表他的研究工作逐步深入和成熟的三个阶段。

《马克思主义与中国革命》于1963年问世,它收入黎澍50年代和60年代初的论文11篇。这些文章显示作者开始努力用马克思主义的立场、观点和方法论述历史。

《再思集》出版于1985年2月,收入黎澍1976年“四人帮”倒台之后和80年代初的著述24篇。这些文章就明显地具有新时期思想解放的特点。作者摆脱了教条主义的影响,对历史界的文化专制主义和实用主义大张挞伐,起了很好的作用。作者把文集题名为《再思集》,说明他对过去的一些问题作了重新认识。

他在题为《1979年的中国历史学》一文中明白地指出:“林彪、‘四人帮’上台以后,拼命鼓吹现代迷信,教条主义又有了恶性发展。历史学也随之愈加脱离事实,被简单地归结为替领袖言论以及被他们曲解的几条马列论述作注解,变成了和旧经学相类似的新经学。这种新经学又是随风转的,不同时期有着不同的政治目的,因而实用主义的气味十分浓厚。”他而且认为“认识的正确性只能是暂时的、相对的。穷尽真理,永远是不可能的”。这个观点不仅抨击着过去的“顶峰论”,也有助于遏制新的“顶峰论”的抬头。也就由于有这些创见的发表,使他的一些文章受到了广大读者的推崇。

《论历史的创造及其他》出版于1988年9月,距作者去世时三个月,是作者生前出版的最后一本著作。作者此时正处于建国后理论界最兴盛的时期,凭着他30多年治学的经验,本着实事求是的精神独立思考,对史学研究提出许多真知灼见。

在新时期的十年中间,他对于教条主义、封建主义、唯上思想、形而上学等都不遗余力地加以批判,对端正学术研究的风气作了重大的贡献。他在历史研究方面讲求实事求是和独立思考的品德,对历史学界以至整个学术界都是十分重要的。

怀念《世界知识》的编者们

50年来,《世界知识》杂志一直在全国范围内起着一个优秀老师的作用,它受到了我们成千上万读者的尊敬和热爱。

1935年秋,《世界知识》创刊后不久,我在上海考进了新创刊的小型报《立报》,当上了一名编辑部的练习生,那里有一位前辈国际版的编辑恽逸群同志引导我学习时事,学习社会,阅读一些进步刊物,其中之一就是《世界知识》。国家的政治形势和我的工作都要求我增进对于世界的认识,这就使我同《世界知识》结下了不解之缘。

《世界知识》专门传播有关世界和各国的知识,每期都发表一些通俗易懂的文章,是当年别树一帜的刊物。早年的《世界知识》发表过不少用一连串问答组成对话的文章,帮助读者了解一些重要的国际问题。那些回答娓娓动听,鞭辟入里,真令人信服。这些文章的创导者就是《世界知识》的创办人,90年代初的人大副委员长胡愈之同志。

30年代的旧中国正处于一个动乱中的世界,正处于半封建半殖民地的苦难境地,人们多么关切着世界向何处去,而中国的出路又在哪里？人们都迫切地要求得到解答，要求读一些对路的书、报纸和刊物。《世界知识》正是针对这种要求而兴办的，它自然受到了人们的喜爱与欢迎。

我早在那时就有这样的感受：《世界知识》呀，我的好老师！正是由于你的启蒙教育，我积累了一些过去在学校里没有学到过的国际知识，并且产生了承担传播国际知识这一工作的兴趣与志愿。

我衷心敬佩和感谢《世界知识》的那些主要的作者，如胡愈之、钱亦石、钱俊瑞、张铁生、王纪元、郑森禹等前辈，我认为他们是研究国际时事、传播科学知识的先行者。是他们这些同志用精心研究与写作的成果哺育了我们一代人。

30 年代的《世界知识》时常用大量的篇幅分析帝国主义国家之间的矛盾，揭露德、意等法西斯国家穷兵黩武、称王称霸的凶恶面目，特别是一步步侵入我国的日本帝国主义的险恶阴谋。与此同时，刊物还宣传当时的苏联和它反侵略的外交政策，宣扬各国人民的正义斗争。西班牙人民阵线反对佛朗哥独裁者的斗争，特别是他们保卫马德里的英雄事迹，刊物一再加以赞颂。刊物每期的文章都在大长人民的志气，使我国广大致力于救亡运动的人民群众受到无穷的鼓舞。

图像从来就是普及知识的好形式。30 年代的《世界知识》已经很重视使用图片进行报道，使读者认识了很多外国事物的形象。在那个年代，一般报刊都很少刊登照片，有数几本画报也很少利用国际时事图片，因此《世界知识》当年采用的大批图片都是弥足珍贵，很起教育作用的。《世界知识》还转载许多国际讽刺漫画,也是它独具的长处。

抗日战争爆发之前,我国广大人民对世界形势的认识是提高得非常快的,这要归功于当时所有那些爱国民主的舆论,其中就包括我们的杂志《世界知识》。

抗日战争胜利以后,《世界知识》在上海复刊,其时我也从内地回到上海,我还是它的一个忠实读者。

日本投降之后,美国作为蒋介石的靠山阴谋控制我国,中国仍然处在苦难之中。美国趁二次大战中取得的优势,竭力进行称霸世界的扩张活动,世界也仍然处于动乱之中。《世界知识》复刊,坚持着它的光荣传统,它的内容紧密地联系着当时中国人民反对美蒋这一斗争的实际,因此它仍然受到广大爱国者的喜爱与欢迎。在当时上海,进步的刊物一度纷纷问世,《世界知识》是其中"牌子"最老的一种。

据我的回忆,当时《世界知识》的主编是金仲华同志,在这个刊物上非常活跃和卓具贡献的作者是冯宾符、陈翰伯、梁纯夫、吴景崧、石啸冲等同志。

金仲华同志曾以孟如等笔名写了许多短论,发表在《瞭望台》等专栏内,这些文章如同过去《生活》杂志邹韬奋同志写作的"小言论"一样,短小精悍,富于文采,起着投枪和匕首的作用。

仲华同志在这几年的刊物上发表了许多他本人精心设计的世界形势分析地图,鲜明地反映了战后世界的政治与经济。仲华同志制图所运用的材料多半取自西方国家,特别是美国的报刊,但是他作了精心甄选,有很多创造。地图往往以代表大小数量的种种图例表明一种事态,使读者一目了然。这种地图是说明事实的有力形式，是《世界知识》百花园里一支十分艳丽的奇葩。

由于在抗日战争期间，我参与了胡愈之、范长江、金仲华等新闻界前辈创办的国际新闻社的工作，得到了他们的帮助和提携，《世界知识》在上海复刊之后，我也曾以学生交作业的心情为刊物投寄一些拙作。以仲华同志为首的编辑部曾多方给予鼓励。这样，《世界知识》又成了我的一所进修学校。

建国开始后，《世界知识》从上海迁到北京出版。其时，我进了《光明日报》，搞国际报道。由于同行的关系，我曾被邀参加一次《世界知识》召开的座谈会，并表述了一个读者的心愿。我认为《世界知识》编辑部已有条件进行更充分的调查研究工作，但是还要面向群众，甘当广大读者的启蒙教员，尽力传播知识，发表更多深入浅出的文章。按我此后的体会，《世界知识》始终坚持着它的知识性和时事性，坚持着普及知识的方针，起到了巨大的教育作用。

可是，很不幸，这样一本有作用的刊物，在"文化大革命"中受到了推行文化专制主义的林彪、"四人帮"一伙的摧残，中断了出版。其时我自己早已被下放在东北边远地方，失去了从事新闻工作的权利，但仍十分痛惜《世界知识》的停刊。因为我一直觉得，我们这样的国家一穷二白，需要文化，需要知识，这样的刊物是少不了的。

广大人民的愿望是一定会实现的。打倒"四人帮"之后，《世界知识》于 1979 年在北京复刊，我也回到了北京，重返新闻岗位，当然也热烈庆贺《世界知识》的复刊。我在边疆 18 年，长时间搞体力劳动,孤陋寡闻,既然要做国际新闻工作,就迫切需要补课,补充新的知识,特别是新的国际知识。世界的形势总在日新月异地变化,自己已经掌握的知识也肯定会老化,需要更新,不更新根本处理不了新闻。因此,我虽然已年逾花甲,两鬓尽白,还必须继续认真阅读《世界知识》,继续当它忠实的学生。在我们的岗位上,我还了解到全国广大涉外工作者,包括数以万计的宾馆、旅行社的服务人员,都和我一样迫切地需要《世界知识》。新时期的《世界知识》无疑更是大有可为的。我在这里向它表示衷心的祝贺。

现在,为《世界知识》工作多年的一些同志中,有不少位已与世长辞,但我一直怀念着他们,因为他们曾是我的带路人。50年间他们为之辛勤劳动的刊物起过无可估量的作用,现在又在蓬勃发展,成千上万的读者都在接受它的哺育,这些前辈们的业绩是永垂不朽的。

(本文原载世界知识出版社 1984 年版《世界知识创刊 50 周年纪念集》)

改革闯将　平易近人

——悼念江牧岳同志

1980 年，我由中央组织部门调到正在筹备中的《中国日报》，报社的筹备组设在王府井人民日报社；当时接待我的是江牧岳同志。由于初次见面，我不免有些拘谨，可是他同我热情握手，表示欢迎，还说"我们都是'青年记者学会'会员，是老朋友了，我读过你的文章"。他让我好高兴，备感亲切。当时我也回想起：1929 年他作为"青记"一个团队的领队，从四川投奔延安，他曾是当年国统区我们青年记者中的先进典型。

我们会面后不久，我被任为报社的一个副总编辑，他对我很信任，使我鼓起了参与办英文报这一全新工作的很大勇气。经过几年办报的合作，我终于成了他亲近的朋友。他作为改革开放年代的一项新事业的领导干部，取得了创新的成就，给我的印象很深。

得知他去世的消息，十分悲痛，我不禁记起他不少可敬的往事，我要把它们统统记录下来，以示对老朋友的沉痛悼念。

勇敢并谦虚的领头人

牧岳同志在担任外文出版局的领导之后，接着担任创办新中国第一张英文报《中国日报》的社长，说明他具有创新的抱负和勇气，确实是改革开放年代的一位闯将。他能适应对外报道改革的需要，认真传达和贯彻对外报道的“八字方针”（大胆、活泼、全面、及时），劳苦功高。多年间，他曾一再告诉我们：“中国日报是党十一届三中全会的产物，一定要解放思想，反对墨守成规，消除余悸，敢想、敢说、敢干、勇于创新。”

在《中国日报》社长任内，他联合不少在“反右”运动和“文革”中被排斥的干部，同心同德地奋斗，足以说明他的思想十分解放，对马克思关于知识分子是工人阶级一部分的教导确信无疑。

当年报社社委会的成员都是60岁左右的老干部，承担着创办英文报的全新任务；牧岳同志能虚心学习，甘当小学生，他为了了解报社的经营管理，曾不辞辛苦，和总编辑刘尊棋、副总编辑冯锡良等一起，到美国和澳大利亚去认真考察，为我们这些同年人起过很大的带头作用。

江老作风民主，报社有问题他就和大家商量。他主持社务委员会时鼓励大家讨论，重大决定都经过讨论后产生。他经常欢迎创新的意见。记得报社开张那年，需要迅速调集至少几十位通晓英语的记者编辑，组织部门都难于完成，有同志建议报社试办公开招考，江老和社委们都同意，他将建议报请中央批准，报社创办了新中国第一次公开招考，从而一批得力的人才进入报社,充实了我们的编辑队伍;一批熟练的打字员,也是经过公开招考招来的。

多方关心群众

江老关心群众生活。在报社开始调入外地干部时,总把他们的配偶一起调来,有的连成年的家属也一起安排工作。他曾亲自奔走,在解决办公场所时设法尽早解决职工的住房问题。早在创办初期,他就在人民日报社的宿舍区建造了一个难得的小楼,让部分职工早日安居乐业。

江老重视宣扬"好人好事",他在报社任内曾多次召集职工开会,让取得某一项工作成绩的同事介绍经验,让大家受益。这是报社初期各部门员工积极进取和各项工作顺利开展的因素之一。江老本人也因此得到报社同事们不小的口碑。

在过去多年重要的节假日,江老会带着礼品到部分职工家探望。记得我去泰国那年,在曼谷过的春节,江老和锡良同志一同到劲松我住处,爬上五层楼,慰问我老伴,热情表示关怀。事后我知道了,深受感动。

可能是1984年,江老决定去上海推动本报的发行、开办子报和建立办事处,要我同去,做他的助手。我们在上海举办过两次宴会,招待有关方面人士。返社后由我报销了这次开支。后来报社财务部门向上级作检查,指责我犯了浪费错误,江老发现之后马上向上级说明:"错误责任该由我负担,于友不能代人受过。"江老如此勇于自责,令我感佩。

难忘对我的偏爱

江老很乐意和朋友聚会,我在认识他以后,接受过他多次家宴,从而认识了许多他的朋友,其中不少是他在工人日报的老干部,他们都有过艰苦奋斗的经历。大前年,他进医院以前,曾单独通知我去他家聚会,我由女儿陪去。江老已经患严重帕金森病,不能说连贯的话,但还用手语向他的家里人认真介绍,说我是他的好朋友。我告诉他,我在考虑写本纪念名记者范长江的书,他点头表示赞成。当天,他和儿子、儿媳还有两位日夜照顾他的保姆一起,陪我和我女儿,在他们家附近一家餐馆共进午餐。他儿子点了不少菜,我们都吃得非常高兴。而这也是江老和我最后一次愉快的聚餐。

早在我离开报社的工作之前,江老就让我参与他领导的徐霞客研究会,我只向江老提出过一点有关的建议,但为研究会什么工作也没干,研究会还始终把我当回事,同我保持联系。我一直认为:这是江老对我的关怀和鼓励。

我还记得:我暮年每一次出书,都恭敬地寄给他一本,请他批评指正。前些年他说话已经十分困难,但他仍每次亲自给我打电话,喃喃地说:“好,好,写得好。”我一直忘不了他真情的鼓励。

现在,江老走了,忘不了啊,他这么些显示他为人正直、待人平等和博爱的往事!

(本文写于2011年12月3日,时年96岁)

难忘锡良同志的功绩

冯锡良同志是我国新闻界难得的英才，他在创办《中国日报》的年代里立下不平凡的业绩，无愧于对外报道实干家的光荣称号。作为他当年的一个同事，我愿意记下一些有关的回忆，以示不尽的悼念和哀思。

少不了的创始人

解放后30多年，我们国家一直没有一张全国性的对外报道的报纸。到改革开放的年代，中外交流倍增。中共中央当年在外文局和人民日报社中调动一部分人员，组成以江牧岳同志为首的英文报筹备小组，长期在外文局工作的冯锡良同志是小组成员之一。

冯锡良历任国际新闻局和外文局对外报道期刊的领导职务，积累了丰富的对外报道的经验，是中国大陆少有的对外报道专家。美国密苏里学院还以有他这样的高才生为荣，为此给他发过奖章。中国准备出版第一张全国性英文日报，他成了少不了的创始人。

为创刊准备必要人力

办一张英文报，迫切需要适合的人员，锡良同志作为筹备小组成员，他首先狠抓报社工作人员的准备。他本人和各有关方面为报社找来的新闻工作者和会英语的人，都还是办英文报的生手，都需要学习，需要培训。于是，锡良同志尽力联系所有能帮助我们开办英文报的外国新闻工作机构，如澳大利亚的《墨尔本世纪报》、英国的汤姆森基金会和美国的巴文基金会、夏威夷大学、东西方中心，要他们从许多方面帮助我们的人员熟悉新闻采编和管理业务。

为了学习，他本人和李文、金铿然去过澳大利亚考察，何廷庆、邓爱珠和我去过泰国调查研究，罗清以学者身份到美国交流，当年还是大学毕业生的朱灵、康兵、黎星等初到报社时，都被派去美国夏威夷大学受过为期一年的培训。吴景枢、朱英璜、秦小丽等也都分别去国外实习或学习过。

锡良同志还采取了把外国专家请进来的办法，对社内干部进行专业培训工作，让我们的采编人员都善于从事英语报道。

报社早年由于完成了这些人才建设，才有了开创一张像样的英文报的基本条件。

内容和形式的创新

在改革开放年代创办一张对外报纸，自然需要实行改革的方针。1980 年中央召开过对外宣传工作会议,决定了一个八字方针:大胆、活波、全面、及时,要求改变过去对报道中拘谨、死板、片面和迟缓等等毛病。另外,创刊初期,胡耀邦同志曾经批示:“《中国日报》要有一个不同于中文报纸的办报方针。”

冯锡良同志作为编辑部的领导,负责规划新报纸的形式和内容,他终于放手突破了过去奉行的许多清规戒律。他取消过去对外报道“中文定稿”的做法,开始要求记者直接写作英文文稿;为了及时报道国际新闻,直接采用外国通讯社的消息。

他对中文报纸不重视图片很不满意,开始要求《中国日报》多用新闻图片,让英文报图文并茂。他建立了一个认真采访和抓拍的摄影记者队伍。

为了适应西方国家读者读报的要求,《中国日报》也要像他们本国的报纸一样,每天刊登“字谜”和“桥牌”等小专栏,还要多登国际体育新闻,特别是“五大联赛”等外国足球赛新闻。

他还想到,外国读者认为没有广告的报纸是“宣传品”,初创的英文报要以 25% 的篇幅刊登广告。

他的所有设计使创刊的《中国日报》和国际接轨,同外国读者的要求比较适应。这个成就无疑是我国对外报道工作上的一个显著的进步。

团结是力量

在《中国日报》创刊的日子里,锡良同志结识了从五湖四海来的新同事,90% 的老少人员都是他的新朋友,他以友好和诚信的心态和大家相处，取得了“拧成一股绳”的效果。

他从不突出自我，而是严以律己、宽以待人；他对我们一些老年同事，悉心照顾，惟恐过分偏劳，宁可自己多担责任。他白天上班，晚间也到办公室来，因为晚上有不少老年同志在值班，有本国的，也有外国的。

他一向认为报社开创的成果是集体的。1996 年他在自己的回忆录里说过：“这些老同志不分彼此，不计个人得失，团结一致，集体讨论，分头落实，为我国创立第一份英文日报作出了重要的贡献。”

他曾经十分重视关在汉、张惠民、郁隽民、何挺庆、吴景枢等中年同事，信赖他们去完成一些重要的采编任务。

他热心爱护年轻同事，千方百计地帮他们迅速提高。在我和他共事的几年中，我不时听到他表扬黄庆、秦小丽、黎星等新秀。当他自己受到新闻界“慧眼”的表扬时，我作为他的老同事体会到：他得这个荣誉，不仅归功于他赏识年轻的新闻摄影人员和他们的作品，也还归功于他赏识着报社大批其他的年轻人才。

我确信，冯锡良同志劳苦功高，不仅报社同事，海内外都有和他共事过的许许多多同志，在深情地怀念着他。

第二篇

我的记者生涯

起　点

1916 年 2 月，我出生在浙江省湖州市菱湖镇，这里是我国一个典型的鱼米之乡。我在这里度过幼年，受过它所经历的历史的影响。

早年湖州盛产蚕丝。我的祖辈曾从事蚕丝生意，在菱湖经办过亨永丝行，但在父亲成年时，蚕丝出口已经衰落，亨永丝行倒闭。父亲在上海龙章造纸公司任会计，有中等收入。我们家当年在菱湖算得个小康之家。我们一家没有在祖辈留下的亨永丝行的大院里居住，只在东栅中过状元的人家的住宅里，分租了几间房。我的童年就在那里度过。

从经济和文化方面来比较，菱湖当年在湖州境内也算得一个比较富裕的镇。它盛产鱼虾，天天运销上海。我记得 1924 年大革命开始时，我 8 岁，菱湖开展过群众性的革命运动，举行过激动人心的游行示威，农民群众也上街来了。参加革命的年轻人演出过反对土豪劣绅的话剧。那时流行的革命歌曲通俗易记："打倒列强，打倒列强，除军阀，除军阀，国民革命成功，国民革命成功，齐欢唱，齐欢唱。"我从此开始懂得：侵略我国的列强和国内的军阀,都是我国广大人民群众遭受苦难的根源。

我父亲供职的造纸公司是一家民族工业,他的工作使他重视掌握新的知识,也尽力培养他的子女。我的姐姐和哥哥都受到过中等教育,我在菱湖上过小学,那是在我们镇西南郊的一所完全小学。校址原来是一家大户的庄园,有一条小河从院子中间流过。教室就设在几个大厅里。

小学这几年,教学很正常,学校很重视对我们学生进行爱国思想教育,老师们讲过“五七”、“五三”等国耻纪念日的意义。“二十一条”卖国条约、济南惨案等历史事件曾被反复宣讲,我们学生因此都痛恨“东洋鬼子”。

1931 年,父亲让我到上海,上了复旦实验中学。这是复旦大学的一个附属中学,由有名的政治活动家邵力子任中学校长。我们初中一年级的语文教师是蒯斯勋,他是个左翼作家,翻译过外国文艺作品。

9 月 18 日,日本侵略我国东北,我们中学的同学在复旦大学学生的带动下,积极参与爱国运动。我曾几次和同学们一起到南京请愿,要求政府出兵抗日。我当了学校参与上海中等学校学生联合会的一个代表。中学联很活跃,我记得务本女中一位能干的女生叫韦毓梅,能言善辩,是我们的头儿。参加中学联的活动使我得到许多新的认识。但是,1932 年发生了八一三事件,日本军队在上海挑衅,设在江湾的复旦实验中学成了战区,无法开学,我只能离开上海,回到菱湖。

那年父亲突然病故,家境顿时困难,我幸亏得到龙章公司对职工遗属的资助,才能继续上学。我进了家乡湖州的东吴三中,后称东吴大学吴兴附属中学。这是一所教会学校，提倡基督教信仰，重视英语教学。我不信教，但比较重视英语。毕业那年我参加了全省会考，得了第四名。我的好些同学成绩都不错。东吴三中确实教了我们不少基础知识。

在我读高中阶段，国家多难，我比较关心时事，读报兴趣大增，学校有个图书馆，我是它的热心读者。在那里我读过一些有关报纸工作的书，知道了报纸具有报道和启蒙的重要作用。我还翻阅过报业史，知道了近代不少爱国民主人士都从事过新闻工作。

我读高中时每次寒暑假，都回菱湖家里过，我坚持去买零售的上海报纸。菱湖每天有轮船去沪杭铁路线上的硖石站，在那里接运上海当天的报纸和货物。轮船一般在下午三时左右回到菱湖，我那时就去码头发报站那里买报，风雨无阻。报纸帮助我了解世界，还帮助我更多了解了新闻工作。从那时起，我就剪贴上海的报纸，编辑自己喜欢的资料。

我毕业的那一年，学校允许毕业班主编校刊，我有幸是编辑中的一个，在那期校刊里有我一篇翻译文章。具体内容已经记不得了。

我早年能关注时事，接受爱国思想，并产生干记者工作的志愿，都是我从事新闻工作的起点。

赶　考

1935年7月，正是我们中国江南夏天最炎热的日子，我在家乡菱湖待业，由于家境困难，我压根儿没有富家子弟上大学的希望，我必须自己找出路。按自己家族的许多同辈子弟的惯例，托亲靠友，到工商企业去当个小职员。可是我上学期间就有了一个新的期待——搞点新闻工作，哪怕当个学徒。

正好那时我在上海的报纸上看到了上海新创立的《立报》招考练习生和侍应生的广告，招收男女高初中毕业生。我立即发信去报社报了名。不久，我就冒暑单身赶去上海应考，上海终究是我几年前比较熟悉的地方。

《立报》的考场设在河南路桥北堍的上海市商会。我当天较早赶到考场，开考的时候考场来了三四百人，考场外面也有一百多考生的家长，大家都表现出比较紧张的心情。

练习生和侍应生的考试分别在不同的屋子里进行。练习生考作文和常识两门。我已经记不得作文的题目，但是我只记得我写得比较顺手，缴稿也比较早。

两天之后，我被通知参加面试。这次地点就在九江路的立报报社。主持口试的也就是市商会考场上见到过的恽逸群老师。他三十多岁，很瘦，但很精神，操常州口音的普通话，穿着白色夏布的长衫，行动十分敏捷。

在轮到我口试时，我还比较镇静。我们作了如下的问答：

恽老师问："你为什么想来报社工作？"

我答："我想学做新闻工作，当记者。"

老师问："当记者有什么意义？"

我答："当记者采访新闻，知道得多，知道得早，知道一般人不知道的消息。"

老师紧接着问："记者是为自己工作吗？"

我赶紧答："不，他更有责任唤起民众，共同奋斗。"

其实我的这些答话都是在复诵我记忆中的语录，"知道得多"的说法是一位著书的前辈记者说过的，"唤起民众"是孙中山先生遗嘱里的一句话。

恽老师还有其他几个问题，我都记不得了。当时只觉得这位恽老师很和善，学问很大。

由于这次应考的人比较多，而且不知道自己的成绩如何，不知道报社能录取多少名，我考后的心情很不安定，就怕在就业上我力图自力更生的打算遭到失败，还让关心我的亲友失望，到上海的这次旅费也是我母亲费力筹措的。

我回家几天之后，上海的《申报》刊登了《立报》录取练习生和侍应生的广告，练习生取了三名，侍应生取了两名，三名练习生里有我的名字。我当时举着报纸，不禁欢呼："立报，我爱你！"此后有好几天，菱湖镇上的亲友听到我被录取的消息，也都来我们家表示庆贺。

不几天,我整理好简单的行装,告别家人,到上海九江路立报社去报到。我当时十分庆幸《立报》报社实行了新的用人制度,即使是雇佣最低级的职员也登报公开招考,搞一次几百人的考试只录用了五个人。我认为它这回考试还是公开而且公正的,因为至少我同报社的所有人员都毫无关系。

到报社我才知道:我们三个被录用的练习生中两个女的都分在营业部,就我一个进编辑部。机会那么难得,我就那么幸运。

报社对我们这次录用的几个新员工采用合同制,制度规定得十分严格:试用期两年,两年间每月工资 9 元,试用期内因故退职,期内所得工资全部退还报社。那时一般工商业的最低员工工资也在 15 元左右,机关、学校和工厂还有假期,可是这报社一年工作 365 天,没有假期;然而我们五个人显然都求职心切,毫不犹豫地在合同上签了名。我高兴的是,我从此有了合意的工作。

当时我们五个新员工中,就我一个人的家不在上海,报社让我住在报社三楼上,那里住着许多报社从北京雇用的职工,其中多数是和我同年龄的排字工人,是北京新闻专科学校的毕业生。我的宿舍里都是双层床,摆得很密,条件比我在湖州住校时的宿舍还要差一些。不过,每天下午我有条件在二楼编辑部屋子里活动,读报看书,安心地学习。有一年多时间,我就生活在报社的楼房,生活在“我的新闻天地”里。

《立报》——我的大学

1935年9月,《立报》在上海正式创刊,它是一张四开的小型报,一共四个版,分别刊登新闻,但二、三、四版各有半版副刊。报纸公开宣告,它的宗旨是"立己、立人、立国"。由于它报道国内外重要新闻,又天天有时评和尖锐泼辣的副刊文章,都尽力反映民意,很受读者欢迎。在它出版不到两年的时间内,一度销数破20万,成为上海最盛销的报纸。

难得的老师

《立报》当年是一批老报人自己集资办起来的报纸,编辑部里也独多行家里手,都是我非常难得的老师。举例说,创办人成舍吾就是当年全国有名的报业巨子,他此前就先后在北京和南京办过《世界日报》、《民生报》等一系列有名的报纸,同国民党腐败的高级官员进行过揭发斗争,他创意在《立报》文字版的四周打出爱国者要认真关心时事的标语。

报社的首任总编辑是早先在南京办报出名的"三张"之一的

张友鸾,二任总编辑是从北京《世界日报》转来的青年总编辑萨空了,编副刊的是复旦大学新闻系教授谢六逸和著名小说家张恨水。

《立报》这时还有四位年轻的外勤记者:舒宗侨、钱台生、张常人和熊狱兰。舒和熊都是复旦大学新闻系的高材生,熊干记者工作比著名的彭子冈还早。他们一个个都很活跃。当时这些前辈在《立报》工作,都对我起着极好的榜样作用。

当时最关心我的是每天为报社撰写社论并编辑国际版的恽逸群老师,他就是那次招考练习生的主考,我就是他选取的。他当时还是上海救亡运动的报纸《救亡情报》的编辑,他不时引导我采访救亡运动的新闻,还送给我进步的理论书籍。我开始成为名记者邹韬奋主办的《大众生活》、《世界知识》等进步刊物的读者。这些读物使我渐渐地熟悉国内国际的情势。

实际的课程

《立报》编辑部屋子中间摆着一张马蹄形的办公桌,据说是社长成舍吾考察日本时学来的。晚间编辑们开始工作时,总编辑坐在马蹄形中间开口的地方。马蹄形的三边有七个座位,由各新闻版的编辑们分别就座。晚间丌始工作时,编辑部的侍应生赵文元已经把所有收到的新闻稿件放置在总编辑座前的桌面上,总编辑把各种稿件顾目后分别交给桌上各版编辑,各版编辑处理好的稿件再交还给总编辑,由他审阅之后,就转身递过他背后排字房的一个小窗付排。马蹄形桌子的设计显然十分有利于新闻稿件的编辑工作,特别有利于编辑们的互相交谈,磋商问题。

在当年《立报》,这些博学多能的编辑们在一起,对每天的时事总有深入的探讨,并作出精辟的论断,于是这一天许多新闻的处理,包括标题和版面安排都常常体现着他们共同商讨的决断。

我作为练习生每晚就在马蹄形桌子旁边走动,聆听着编辑们的谈话,从而使我不断增长着许多新闻编辑工作的知识,首先是时事问题的理解和分析的知识。《立报》没有节假日,天天出报,我也就一年365天工作,天天听新闻编辑课,收获实在难于计数。在这里,我可能就像新闻学院的学生一样,在接受教授们最实际的教导。

我还一度被派做报纸的校对,这又是我学习编辑和新闻写作的难得机会。我可以看到记者和编辑们每一篇准备见报的稿子。记者是怎样写的,编辑又是怎样修改和标题的,我都有机会看得很仔细。几个副刊上常有一些名家的作品。特别是前辈严谔声以"小记者"的笔名写的常常不到一百字的评论,文字精炼,寓意深刻,给我的印象很深。以往我从没有碰到过这样好的语文教员。

在新闻采访工作方面,我曾跟同记者钱台生一起活动,了解文艺界的新鲜事儿;也还得到本市新闻编辑徐迈进老师的指点,他介绍我采访一些工人运动的消息。我衷心感谢前辈们的悉心指点。

得到了破格提拔

《立报》原来规定了练习生的试用期为两年,报社同我签过合同。但是我当练习生不到一年，就被破格提拔为记者。我采访的消息上了报，有些还发表在重要的位置上，标了很醒目的标题。

1936～1937年间，救亡运动风起云涌，《立报》成了救国会的喉舌，非常重视救亡活动的报道。有一次我跟随学生队伍搭火车上南京请愿，是交通大学学生自己开的机车，车才到南翔就被拦住。当时已是晚间十点左右，我马上搭汽车赶回报社，写了学生请愿被阻的消息，消息大部分被新闻检查所扣发，但报社领导对我的这次行动表示赞扬。

1937年春，我被调任新设的“教育与体育”版的编辑，我坐上了向往已久的马蹄形桌子旁的座位，开始了当报纸编辑的实践，我的工资提高到每月40元。

记得这一年，我已经试着写些笔记和杂文，向严谔声老师在《新闻报》主编的副刊投稿。《救亡日报》创刊后，我也投过习作。解放后在北京图书馆里我偶尔看到了《救亡日报十日刊》第4辑上刊登着我的那篇题为《游击队》的习作。

在我的记忆里，《立报》就是我学习新闻工作的大学，可惜我只读了两年时间就被迫中断。

救国要紧

上世纪30年代的救亡运动，是一次深入人心的政治运动，它吸引了广大的爱国者、广大的不愿意做亡国奴的人们。当时我是一个20岁左右的青年，在上海的一张呼吁救亡的报纸《立报》当学徒，也曾参与了这场历史空前的爱国运动，经受过难得的政治锻炼。

多方面的影响

《立报》是一张有政治影响的小型报，主办的股东都是一些资深记者，政治倾向比较开明，特别是编辑部的编辑，同救国会的关系比较密切。主笔恽逸群是救国会的《救亡情报》的主持人，总编辑萨空了同参与救国会领导的胡愈之交往频繁，他们两人掌握着报纸编辑方向，于是《立报》从1935年9月开办起，就同情和支持救亡运动。在"七君子"案发生以后，它几乎成了救国会的机关报，以大量的篇幅发表救国会的消息。编辑部的工作人员又都很敏感，天天议论救亡动态。我就在这样的环境中认识了救亡运动的正义性和急迫性，从而走上爱国主义的大道。

我业余时间参与量才夜校学习，量才的校长正是“七君子”之一的李公朴。由于救国会的影响，大批量才的学生成了救亡运动的基本群众。量才当时开展歌咏运动，我参与了歌咏班，认真学唱救亡歌曲，例如《义勇军进行曲》《松花江上》《打回老家去》《毕业歌》《五月的鲜花》等等，每一支歌都是一把火，能燃起人们的爱国热情。我记得那时教歌的同学中有一位名叫王辛耕，他以后去过延安，改革开放之初他创作了《歌唱祖国》，他署名为王莘。另外，创作《大刀进行曲》的麦新也支持过量才的歌咏活动。我们量才学唱歌的同学都具有强烈的救国热情，也都是我参与救亡活动的伙伴。

还有当年生活书店的书刊，它们起到了爱国救亡的鼓舞作用。它的“青年丛书”都在传布爱国救亡的理论。1935 年 12 月中旬，邹韬奋主编的《大众生活》用大量篇幅报道了在北平爆发的“一二·九”运动，影写版的封面和封底都刊登着学生游行示威的照片，非常激动人心。

三次重大行动

1936 年初，救国会在上海成立以后，我参与了三次它领导的重大行动。第一次是 1936 年 1 月 28 日，上海各界群众纪念“一·二八”四周年，在苏州河边上的市商会开会，救国会的领导人沈钧儒、李公朴、章乃器、王造时、史良都在会上发表了演说。会后群众开始列队游行，要走到北边庙行镇去公祭那里的无名英雄墓。这一路有几十里地。李公朴担任总指挥,沈钧儒等救国会的领导人走在队伍的最前面。队伍里有很多我们量才夜校的同学。我们年轻人看着那些年长的前辈们都精神抖擞地大步前行,自己走起来就更加有劲,一路上高呼口号,唱了无数次救亡歌曲,其中有一支《五月的鲜花》在此时此刻特别感人。队伍经过的地方不断有人临时加入,到队伍走出租界时人数已经超过一万。同伴们说,这是九一八事变之后上海最大的一次示威游行。事后舆论认为:这次游行对上海以至全国的影响都是无可估量的,救亡运动从此进入了高潮。

然后是1936年10月间的鲁迅葬礼。10月19日,革命文豪鲁迅去世,救国会主持他的葬礼。先是在万国殡仪馆让各界人士瞻仰遗容。我去的时候,瞻仰的群众已在门外排着很长的队伍,等了不少时间才走到鲁迅灵前。行了礼之后,在遗体周围转一圈。鲁迅的遗体停放在花丛之中。仪容同我见过的木刻鲁迅像一般瘦削。我想到了有人写的诗句:“他是人民的牛,吃的是草,吐出的是奶。”瞻仰的人在遗体周围必须快走,因为后面的队伍还在不断进来。第三天,群众为鲁迅送葬,几千人的队伍从殡仪馆走到虹桥万国公墓,一路高呼救亡口号,实际上又是一次盛大的示威游行。在万国公墓,宋庆龄、蔡元培和救国会的领导人沈钧儒等发表了演讲,强调要学习鲁迅的爱国主义精神,团结起来,一致抗日。这次悼念鲁迅,加深了我对鲁迅的认识,他不止是文艺界的伟人,他更是一位伟大的民族革命的斗士、爱国者的先驱。

同年11月12日,是孙中山先生的诞辰。救国会在女青年会的后院召开一次纪念会,参与大会的群众挤满了这个不大的后院。我站立在离主席台不远的侧面。那个所谓主席台,就是女青年会大楼前台阶上的一个平台。救国会的一些领导人都站立在上面。这次大会,沈钧儒、章乃器、李公朴、王造时、沙千里和史良等都讲了话。王造时是位政治学教授,他的发言最有鼓动性。他激动地表述过被日本占领的东北三省的土地面积,“它相当于×个蒋介石的家乡浙江省,相当于××个法国,相当于××个荷兰……”这些话在当时引起了巨大的反响。

大会最后由一位日本纱厂的女工发言。她大声说,她们受不了老板的压迫,已经开始罢工。日本老板蛮不讲理,抓了罢工工人,工人决心同日本鬼子斗下去,斗争到底。当时与会群众热烈同情纱厂工人,表示要多方支援,当场开始为罢工工人捐款。这次会影响很大,因为救国会的力量和日本纱厂的罢工工人开始联合起来了。救国会会后发表宣言,呼吁各界群众都来支援罢工工人。沈钧儒担任了罢工后援会的主要负责人。此后救国会的行动得到了全国爱国群众的同情和支援。

《立报》的宣传作用

不久以后,救国会的七位领袖被国民党当局逮捕,救国会开展了激动人心的营救活动。从不服新闻检查在报上发表“七人被捕”的简明消息到法庭开审,以及宋庆龄、何香凝等带头的救国入狱运动,《立报》都大力报道,发挥了巨大的宣传作用。它成了宣传救国会最热心的报纸。

在救国会开展活动时期，我在《立报》已开始担任记者的工作。在报社编辑恽逸群的指点下，我采访过主持“蚁社”的领导人沙千里和歌咏运动领导人刘良模、麦新等人，采访过学生自己开动火车赴京请愿活动，采访过罢工的工人。《立报》的同事舒宗侨、钱台生等记者也都积极采访救亡运动，写过许多有关的报道。副刊《言林》的主编谢六逸，是著名的爱国教授，也是上海高等院校救亡联合会的一位领导人，他在副刊里发表了许多呼吁救亡的作品。他还在生活书店主编《国民》周刊，采用过我当时十分幼稚的文稿。《救亡日报》在抗战开始后的 8 月间在上海创刊，我也曾投过有关救亡运动稿件。

由于我当时参与歌咏运动，学过一些救亡歌曲，于是便在《立报》社内组织了一个歌咏队，一些青年排字工人和侍应生赵文元和杨祥生都成了歌咏队员，而且也成了救亡运动的积极分子。救亡运动深入人心，而报纸《立报》本身就热心报道救亡，热气腾腾，报社的年轻人自然会走进救亡运动的行列。

1937 年 7 月 7 日，在救亡运动的冲击下，国民党政府终于开始抵抗日本的侵略。但是它只动员了军队，不愿意广泛动员人民群众。《立报》和《救亡日报》当时就大声呐喊，必须使武力和民众结合起来，才能保障抗战的胜利。

1937 年 11 月，上海外围沦陷，租界成了“孤岛”。《立报》酝酿迁港，我决定投身抗战，去战地服务，恰好恽逸群老师同由郭沫若负责组织的一个东战场战地服务团有联系，他开了一封介绍信后我就起身去追赶当时还在京沪线路上的服务团。当时有一位同志能介绍青年去别的部队，我们《立报》的侍应生赵文元、杨祥生也决心投军，于是我们一起出发去了战地。

我走上战场是由于爱国思想的鼓动，也因《立报》办不下去、我心爱的新闻工作没法再继续。我当时相信心怀抗日思想的爱国者都必须转移，离开即将沦陷的上海，离开沦陷的地区。我的一些亲人，包括在家乡的母亲，我都忍心不管了。和我一起离开报社的侍应生小赵和小杨也和我同样的心情。“走吧，救国要紧！”

参加服务团

在我们出发时，我们打算参加的部队都在沿京沪线后撤，还不知道他们究竟在哪里。当时从上海去南京方向的陆路已经无法通行，我们按照带我们去其部队的同志的意见，走江北的路线，再渡江转到京沪线上。从南通到江阴，一路都还不是战场，我们坐船、搭车都比较顺利。从江阴渡江到常州，市内已经不太安定，街上的行人都显得有些紧张。

也就在常州市内，我很巧地遇见了我需要参加的东战场战地服务团的团员，他们的领导看了我由恽逸群老师开的介绍信，我就被接受了。就在这里我同两位同路人分开了。我祝愿他们一路顺利。

当时我并不了解这个战地服务团是由共产党领导的统一战线组织，只由于我信任恽老师，我全心全意地参与服务团的服务活动。

服务团当时大部分远去武汉，我归属的小部分还跟随着薛岳部队的总部。不少时间是随部队行军,白天黑夜在公路上赶路。在路上曾目睹有城墙的溧水县被日机轰炸起火,居民慌忙逃散。当部队停留在皖南一带时,我被分派担任教部队唱歌的工作。也曾一度负责看管一个存放汽油的库房。

在服务团中,我认识了显然比我有更多理论认识的陈国栋、朱凡、刘宏等,他们当时都不显露共产党员身份,但已经让我十分尊重。我听信他们的议论,相信他们是我共同奋斗极好的伙伴。

由于整个东战场的服务团被调参加"保卫武汉"的战时干部训练团受训,陈国栋等不少团员离开了服务团,但我认识了计惜英、唐勋等更多同志,他们地下党员的身份当时也都并不公开。在武汉,我重逢在上海熟识的女友柯刚,她擅长演剧,她也是地下党员。

经过战干团两个多月的集训,东战场的战地服务团被调到武汉外围服务。柯刚和我都在二中队,我们在一起演过短剧,合唱过歌。在阳新前线,郭沫若带慰问团来慰问当地军民,我干了一点新闻工作,写了一篇有关的通讯,寄给了当时在广州出版的《救亡日报》。

1938 年 10 月武汉濒危,我由在上海《立报》工作过的徐迈进同志介绍,离开战地服务团,转移到长沙,参加由名记者范长江所创办的新闻通讯社国际新闻社,简称"国新社"。我又重新回到了新闻工作的队伍。

就在同时,女友柯刚也被调离开战地服务团,奉命参加金山、王莹领导的演剧队,去海外演出。我们在长沙分手,谁也不知道何年何月才能再见。当年，我们两人来到战地服务，都甘心为抗战服务，工作第一，其他——包括爱情，都身不由己。

参与服务团时期，由于我工作积极，二队团员曹海泉曾探问我是否有意参加共产党组织，我当时一心抗日救亡，也以为我的许多好老师、好朋友都没有显示有党的组织关系，所以我表示会以他们为榜样，但还无意当个共产党员。在以后多年，没有人再向我提入党的事。但是，在战地服务团，确实是我接受党的影响的重要时期，对我在工作中积极进取，按先进思想服务社会，起过重要作用。在那里我认识了一些先进的党员，他们有些同志后来又同我一起工作，给了我不小的帮助。

桂林“文化城”的记忆

在我回忆抗战时期的往事时，往往想起桂林“文化城”。50多年前桂林出现这样的盛事，是中国共产党贯彻执行抗日民族统一战线的一个光辉成就。

1938年10月，我作为国际新闻社的记者，随社长名记者范长江和总编辑、文艺界前辈黄药眠等一起，从长沙前往广西桂林。从此，我在桂林工作了一年多，经历了桂林“文化城”的兴起。

当时桂林是广西的省会，同湖南省会长沙相比也比较落后，更不要说同湖北省会武汉比了。这里原来人口不过20多万，在我们一些从上海到内地来的人心目中，桂林当年还是文化世界的一片沙漠。按我的记忆，桂林当时就像我们江南的一个县城，只有一条主要的马路。有一个“乐群社”，是它的文化活动中心，活动不多。那时那里很少有进步的出版活动。戏院里只演些传统戏，没有什么知名演员。一张广西的地方报《广西日报》，内容比较简单。但是，随着从武汉、长沙和广州撤退的一大批文化人的到来，桂林骤然发生了变化，“沙漠变成了绿洲”。

英才荟萃之处

按我的记忆，到桂的大批文化人中，一部分是原在周恩来副主席领导下的“三厅”[①]工作过的主要人员，有胡愈之、田汉、张志让、孙师毅等。还有从广州来的夏衍、周钢鸣、林林等，从湖南来的廖沫沙、黎澍等。还有许多我不知道是从何处汇拢来的知名文化人，如欧阳予倩、宋云彬、王鲁彦、聂绀弩、张铁生等等。“三厅”领导下的抗敌演剧队等救亡团体也来了不少人。

当年广西当局就是李宗仁、白崇禧、黄旭初为首的桂系。它在抗战初期仍然和蒋介石的国民党中央存在矛盾，当年曾多方团结蒋系以外的政治力量。它设立的一个高级咨询机构——广西建设研究会[②]，陆续聘请了许多民主人士当它的研究员，其中大部分就是知名的文化人。据我所知，有胡愈之、夏衍、张志让、李达、李四光、欧阳予倩、陶孟和、杨东莼、千家驹、范长江、张铁生、宋云彬、傅彬然、张锡昌、姜君辰、林砺儒、邵荃麟、莫乃群等。桂系知名人士李任仁、陈劭先、陈此生都是国民党左派，是建设研究会的实际主持人，他们曾尽力和外来的进步文化人合作。

---

① “三厅”是抗战初期国民党军事委员会政治部第三厅的简称；由当时担任政治部副部长的中共领导人周恩来直接领导。“三厅”厅长郭沫若，厅内其他负责人大多是共产党员。

② 广西建设研究会成立于 1937 年 10 月。广西当局用以维系反对蒋介石的各派人士，作为广西的政治资本。该会会长由李宗仁亲自担任，白崇禧、黄旭初任副会长。1938 年起聘任许多进步人士为研究员。

从 1938 年末一直到 1941 年初，广西桂系当局同中国共产党保持着较好的合作关系。因此，1938 年 12 月初周恩来从湖南衡阳来到桂林，曾在公开的集会上发表抗战形势的演讲，宣传毛泽东主席同年的著作《论持久战》[①]的精神，主要是坚持抗战、团结和进步的要求。以后叶剑英、徐特立等中共重要人物一度在桂工作，广西的报纸都曾公开报道过。他们的到来，给所有关心抗战的群众很大的鼓舞。桂林的进步人士在《论持久战》的精神指引下，积极开展和坚持工作。

关于桂林文化城的兴起，头绪很多，我从我比较熟悉的报界说起吧。

从报纸说起

战争时期人们特别关心信息，可是当时没有电视，收听广播的收音机也非常稀罕，主要的传播媒介是报纸。

早在 1938 年 12 月 7 日，中国共产党在重庆出版的机关报《新华日报》向桂林开始发行航空版，为桂林进步群众及时地传播国际国内新闻，传播中国共产党有关抗战工作的政策和指示。它对当时桂林进步文化工作者起到了重要的组织和鼓舞作用。《新华日报》桂林分馆成了中共在桂林的一个重要舆论阵地。尽管当时重庆出版的报纸印刷不够清晰，但是桂林渴求进步的人

① 《论持久战》是毛泽东主席 1938 年 5 月 26 日至 6 月 3 日在延安抗日战争研究会上的讲话。

们把它当作不可少的精神食粮。这份航空版延续到1940年4月被迫停办。

由中共直接领导的《救亡日报》,早在1937年8月在上海出版,上海沦陷后转移到广州。广州失守后来到桂林,1939年1月复刊。夏衍任总编辑,周钢鸣、林林、廖沫沙、周立波、华嘉等任编辑。它坚持中共的抗日民族统一战线的方针政策,宣传党的政治主张,成为党在大后方又一张《新华日报》,发行数从创刊时的2000份很快涨到了8000份,它不仅在广西行销,还销到广东、湖南、云南、贵州等外省,销到了海外。《救亡日报》副刊“文化岗位”坚持反映文化新闻,也刊登联系文化界实际的论文,对桂林的文化工作起着巨大指导作用。

总编辑夏衍是它的主笔,经常为报纸写作大大小小的文章。我记得他初到桂林时,写过一篇关于日机轰炸下的桂林的感人通讯,曾由长江推荐给我们国新社的青年记者作为学习的样板。夏衍还为话剧界创作剧本,参加桂林当时许多社会活动,是当时桂林文化界一个最勤劳的文化人。就在那时,他就是我们许多青年人仰慕的一位前辈。

桂林《救亡日报》最早的经理是翁仲六,是原来我在1937年冬参加的东战场战地服务团的副大队长,我的老领导,一位老共产党员。他平易近人,非常能干。在《救亡日报》开创时期,他的开拓精神起着巨大的作用。记得1939年他为《救亡日报》筹款,举办话剧义演,上演夏衍当时新写的剧本《一年间》,组织大批尽义务的工作人员,我也应召参加服务工作。这次义演在当年桂林曾轰动一时。翁大队长后来被调往解放区工作,干得非常出色，可是从此我就再也没有见着他。据说他在敌后牺牲了。我对他十分怀念。

《救亡日报》当年有不少年青的工作人员，都勤奋工作，是桂林文化活动的积极分子。

在《救亡日报》出版同时，历史悠久的《大公报》和国民党黄埔系的《扫荡报》、湖南地方有影响人物办的《力报》也先后在桂林问世。它们使桂林的信息传播更为热闹。

略说国新社

在桂林当年新闻界另一个中共领导的机构是国际新闻社。它虽然在湖南长沙诞生，但成长和壮大却在桂林。

被尊称为“进步文化界的参谋长”的胡愈之同志是国新社的设计师。他让国新社不仅为国民党的国际宣传处服务，还为海内外的报纸服务，发挥更大的报道作用。他亲自去了一次香港，让那里他创办的国际新闻社和桂林的国新社合并，这样国新社的力量就大大增强了。它不仅拥有一批年青记者，还拥有了一批知名的前辈，如当时还在香港的金仲华、王纪元、陈翰笙、刘思慕、羊枣等。

长江指挥下的记者和这批知名的作者都积极为自己的通讯社供稿。这个通讯社发出的通讯和文章，受到海内外好几百家报纸的欢迎。因为战争时期交通不便，海内外的报纸自己人力有限，谁也组织不到那么多的文稿。国统区许多地方报纸都把国新社的通稿当作自己特有的专稿。国新社机构虽小，能量却很大，对舆论发挥了有力的影响。

国新社的负责人胡愈之、长江、秋江在桂林交游很广，和社会上各界来往，经常带我们参加各种活动。他们还请一些知名人物到社里作报告，我记得八路军参谋长叶剑英到桂林时就来社作过抗战形势的报告，我们曾把他的讲话记录作为通讯发稿。

长江不但善于写作，而且善于演讲。他活跃于桂林许多演讲会上，人们乐于倾听他的发言和报告。

国新社在桂林的工作发展得很快，机构也相应扩大。在抗战的两年间，它培养和锻炼了一批新闻事业的新生力量。我在社内干过记者和编辑工作，今天回顾起来，仍然感到十分幸运。

国新社像《救亡日报》一样，它的影响远远超出了桂林的境界，它让许多地方的人们感到新兴文化城桂林的重要意义。

青年记者的组织

回忆桂林的新闻事业，还要提到中国青年记者学会。这个学会是青年记者的一个统一战线组织。

到桂林不久，长江就根据他学习毛主席《论持久战》的体会，写出一篇题为《新阶段新闻工作与新闻从业员之团结运动》的文章。文章要求“我们全国新闻从业员应该在时代要求的前面团结一致”，并提出了一个“共同政治宣传纲领”。这文章在1939年1月经“青记”的扩大常务理事会通过，作为该会在新阶段的工作方针，起到了使全国新闻工作者加强团结奋斗的作用。

“青记”领导成员之一的陈同生精明强干，很会做群众工作。

他在桂不久,就被国民党的特务追踪,好不容易在湖南摆脱了被捕的危险,转移到了新四军地区,当了陈毅司令员的一个重要助手。

“青记”南方办事处一度出版总会的机关刊《新闻记者》,还在桂林的几种日报上办过宣扬新闻学和新闻业务的专刊。那时记者十分重视9月1日的记者节。“青记”就利用记者节举办一些活动,声讨国民党当局的压制,争取记者工作的自由权利。

我1939年在桂林参加“青记”,一直感到它是一个办了很多实事的群众组织,无愧于青年组织的称号。

长江同志在我们青年记者中间起到了很大的带头作用。当时没有人提倡“长江式的记者”,但是我们许多年青的同业都在学习他。

“青记”是成功的,它在桂林的工作是令人难忘的。

兴旺的出版业

桂林当年的出版业是近代出版史上非常光辉的一页。进步的书店都经营得十分灵活,因为他们坚持抗战、团结和进步。

生活书店早在1938年3月就在桂林开设了分店。1939年1月又设立了西南管理处,管理它在广东、广西、云南、贵州、江西、浙江和福建的分支机构。生活书店在桂林的业务发展特别迅速。

生活书店的创办人胡愈之在桂林时一度住在生活书店宿舍,就近指导书店的业务。胡愈之曾为书店的发展计划到重庆去开过书店领导人员的会,在会上他被选为生活书店编审委员会的主任委员。胡主编的《国民公论》杂志就由生活书店桂林分店出版。

当年桂林还有新知书店、开明书店和读者书店,和生活书店一样经营进步的图书出版业。新知书店的主持人是经济学界的徐雪寒、姜君辰、张锡昌等人,他们还参与“中国农村经济研究会”的活动,为在桂林出版的《中国农村》(千家驹主编)写稿。

由于上述这些进步书店的开张,大量进步图书涌到桂林。马克思主义的书、社会科学的书吸引着广大的读者。《鲁迅全集》、《西行漫记》等新书就由它们千方百计从上海运来。

为普及文化服务

当年桂林出版界最大的事情是“文化供应社”的诞生。胡愈之是它的创办人。他在桂林一直以救国会[①]的名义工作。救国会领导人沈钧儒曾专程到桂林为文化供应社投资。

胡愈之早年在我国最老的出版机构“商务印书馆”工作,主持过《东方杂志》的编务,以后曾参与开明书店和生活书店的创办,他从来热心于普及科学文化知识,为群众启蒙。他设计兴办的文化供应社更明显地为普及文化服务。这个社一开始就出版了许多战时群众十分需要的读物。当时参与编辑工作的主要是

---

① “救国会”是1936年在上海成立的全国各界救国联合会的简称。它的主要负责人为沈钧儒、章乃器、邹韬奋、李公朴、沙千里、史良、王造时、陶行知等。在整个抗战时期一直坚持活动,解放后在1949年12月18日宣告结束。

原来开明书店的《中学生》杂志的作者，如宋云彬、傅彬然、曹伯韩、王鲁彦等人。

这些有经验的前辈群策群力，在短时间内就出版了许多热门书，其中之一是名为《国民必读》的小型文库。它包括百科常识书籍200多种，配有地图和挂图。文库有装书的专用书箱，供地方群众图书馆购置后展览和借阅。文化供应社早期还出过一本百科全书式的《抗战建国辞典》和一本完全面向群众的刊物，名叫《新道理》，内容主要是通俗的社会科学理论。

1940年夏，由胡愈之推荐，文供社出版了国新社青年记者谷斯范写的通俗小说《新水浒》。这本小说宣扬了抗战时期江南方兴未艾的人民游击队，还揭露了国民党"忠义救国军"的反动面目。它用章回小说的形式表现了当代的生活，受到了群众的欢迎。

文供社名义上是广西当局和救国会合营的，它的出版物在广西省内以及国统区内发行比较顺利。它在广西存在的时间也比较长。实际上它一直是胡愈之等秘密的共产党员领导的事业。

最热闹的是文艺

1939—1940年间，桂林由于有夏衍、田汉、欧阳予倩、艾青等文艺界杰出人物的领导和推动，文艺活动空前活跃。原来由"三厅"领导的好几个文艺团体，如抗敌演剧队二队、九队，孩子剧团，新安旅行团等都曾在桂林积极开展工作。它们经常和当地的一些群众团体举行联合公演，主要演出歌咏和活报剧。

二队和九队还单独上演话剧。二队演过金山、王莹等集体编写的《台儿庄之战》。九队演出较多的是一些反映军民奋起抗战的短剧，如《打鬼子去》、《三江好》等等。

给我印象很深的是新安旅行团的演出。它和孩子剧团一样，是个孩子们的组织。当年的少年儿童已经有了很深的爱国思想，很高的工作热情。他们不仅经常在剧场和工厂、农村演出，甚至利用防空的时间，在防空洞内也相机作些宣传。

金山、王莹在桂林组成了一个“中国救亡剧团”，到南洋为华侨演戏。他们在海外宣传了一年，1941 年到香港，开拓了香港的话剧活动。

田汉是中国话剧运动的元老，但 1939—1940 年间，他在桂林曾致力于京剧改革，先后改编过《新儿女英雄传》、《江海渔歌》等好几个京剧。他一度领导“平剧（当时京剧的又一名称）宣传队”的演出。

广西省原有的国防艺术社是桂系第四集团军政训处的一个文艺团体。在 1939—1940 年间，名导演焦菊隐一度参加该社工作。它受党领导的抗日救亡文化的影响，上演了一些左翼剧作家的作品，如陈白尘的《未婚大妻》、《魔窟》等。它在推动桂林和整个西南地区的救亡文化运动方面，也起到了积极的作用。

桂林的音乐家们曾积极领导歌咏运动，也举行音乐演奏会。木刻家和漫画家们时常举行作品展览。他们在《救亡日报》上出过定期的专刊，很受读者欢迎。赖少其创作的彩印木刻《抗战门神》，曾在 1939 年春节广为散发。

文艺作家们的努力同样是很明显的。巴金、艾青、黄药眠、艾芜、林林、王鲁彦、司马文森等都不时在桂林报刊上发表作品。《救亡日报》出版的《十日文萃》是桂林文化城早期主要的刊物，发表了各地作家的文艺作品。杂文刊物《野草》在1940年较晚时出刊，由夏衍主编，是抗战时期唯一的杂文刊物，影响较大，至今爱好杂文的人们还怀念它。

那时文艺工作者们尽力反映的，是人民群众争取抗战胜利的声音，争取民主自由的声音。

成就来之不易

按我的体会，当年桂林文化城的成就来之不易，它是成千上万文化工作者在中共的指引下艰苦奋斗的成果。那时大多数文化人过着救亡团体般的清苦生活。我们国新社的领导范长江、孟秋江，曾是在《大公报》领高薪的名记者，可是在桂林，他们和我们青年人一起吃大锅饭，领低到无可再低的工资，每月15元。

为了开展桂林的文化工作，知名的音乐家张曙和他的女儿一起被敌机炸死了。我在战地服务团的同事叶韵梅也被同时炸死。我们国新社的记者李洪死于战地，是被国民党桂系军队杀害的。

早在"皖南事变"之前，国民党就开始执行它的反共计划，特务在桂林也伸出魔爪，前面提到的"青记"秘书长陈同生被追捕，就是一个突出的事例。因此，1940年秋，胡愈之就由党组织安排，从桂林撤退，经香港到南洋工作。

"皖南事变"之后，桂林白色恐怖增大，《救亡日报》、国新社以及生活书店、新知书店、读书出版社等一批进步文化单位，先后被勒令关闭。许多党员和进步文化人如夏衍、范长江、孟秋江、廖沫沙、黄药眠、林林等都被迫撤离桂林。桂林的文化活动一下子衰落了。

夏衍撤离桂林后曾写过一篇题为《别桂林》[①]的文章，他遗憾地说"心情黯淡，非常遗憾"。由于桂林的文化事业的基础还在，过了几年，这里的进步文化又重新发展。香港沦陷以后，一批文化人来到桂林，又开拓了许多文化事业。

当年桂林"文化城"的文化是宣扬民族民主革命的文化，它的影响既深又远，遍及海内外。它坚持和促进了抗战、团结和进步，反对和揭露了投降、分裂和倒退。所有参加当年工作的人员都经受了锻炼；广大群众和青少年受到了教育，无数人从此走上了革命的道路。

我在1985年读到胡愈之向党组织作的一个思想总结[②]，它中间提到桂林时期工作的成绩，主要讲了统战工作的成绩，我把它抄录下来，作为本篇回忆录的结束：

"这一时期，由于党的六届六中全会纠正了王明右倾机会主义错误，在毛主席关于巩固和发展抗日民族统一战线的正确策略方针指导下，使我们在桂林的活动方向明确，抗日救亡工作做得有声有色。救国会的组织也发挥了很大的作用，我们以救国

---

① 《别桂林》载于《夏衍研究资料》，中国戏剧出版社1983年版，第198页。

② 即胡愈之1985年所写生平自述，载于《我的回忆》，江苏人民出版社1990年7月第1版，第3~81页。

会的身份活动,易于与广西各方面人士接触。我们紧密团结了广西各界民主人士,发展了广西的进步势方;努力争取中间势力,包括对李宗仁、白崇禧、黄旭初等,通过各种渠道来影响和争取他们,使他们坚持团结抗日的立场。这样一来,顽固势力就孤立了,国民党蒋介石特务分子在广西不能横行。桂林一时成了西南大后方的一块抗日文化的绿洲。”

在重庆的困难岁月

1939年秋，抗战进行了两年，国新社从长沙转移到桂林也有十来个月了。由于有党的领导，有广大民主力量的支持，成立将近一年的国新社总社创出了一个崭新的局面。它团结了一百多位进步的新闻工作者，其中不少是当时全国知名的。除了担任国新社领导的范长江、胡愈之、孟秋江、黄药眠、恽逸群等同志外，还有金仲华、刘尊棋、徐迈进、陈翰笙、刘思慕、邵宗汉等同志，也多方进行协助。社员中大部分是活跃在前方、敌后和大后方的青年记者，他们是国新社的主力军。国新社编辑部向国内外几百种报纸发稿，连国民党的国际宣传处也依靠它提供向国外宣传的稿件，因为国民党自己的虚假报道在国外不受欢迎。当时，国新社所发稿件，在国内遍及大后方，在国外，则远达南洋、北美和西欧。当时的国新社确实是新闻界一支突起的新军。

这年秋天，国新社决定成立重庆办事处，负责加强重庆的新闻采访和组稿工作，加强与重庆进步力量以及北方解放区同业的联系。1940年初我从桂林调到重庆，主持办事处的工作。以后陆续调来的还有高天、高咏、田方、黄明、孙蕴石、张清等同志。

长江同志1940年春来到重庆，主要担任党的统战工作，对国新社办事处也多方领导。

重庆办事处从开办到被迫关闭，前后仅一年多时间，但是它却经历了不少难忘的岁月。

两路口时期

国新社重庆办事处最初设在两路口大街南侧的一幢三层的小楼里。两路口在当年重庆是个比较适中的地方。这里距曾家岩、上清寺等一些重要的政治机关很近。周恩来同志工作过的曾家岩50号距我们办事处不过一里多地。国民党的中央通讯社也设在两路口。国民党中宣部的国际宣传处就在办事处西边二百米的地方。我们办事处的门前是上清寺通朝天门的公共汽车站。从我们办事处南面下坡就是菜园坝，江心的沙洲上是飞机场。这里交通便利，对我们开展工作十分有利。不过以后发现，这地方也有很多不利之处，日本飞机的炸弹也容易掉在这市区居中的地方。

重庆办事处在三层楼中只占一层，共四间房，总面积不过50平方米。国新社老社员王纪元和刘尊棋各占一小间，每间不过五六平方米。办公室中间摆着四张三屉桌，没有文件柜，也没有书架。宿舍里全是单人竹床，十分简陋。可是按当时的条件来说，这里的物质条件就算很不错了。

当时办事处没有自行车，也没有电话，外出工作主要靠步行，靠爬坡。长江同志是四川人，身强力壮，善于走山路。他刻苦努力的精神成了我们的榜样。

办事处采访工作的重点是反映民主力量的活动,因此我们时常出入于中共的机关、民主人士的住处,以及民主团体活动的场所。例如周公馆,张澜和沈老的家,中苏友好协会,东北救亡总会,中华职业教育社等等。

在国民党召开参政会的时候,为了揭露它假民主的实质,我也去旁听和采访。办事处曾发过一篇有关参政会上一场民主问题辩论的通讯,它记述了中共代表和民主党派代表义正辞严地驳斥国民党代表陶百川、刘百闵之流谬论的实况。这样的报道在国内是无处发表的,但是寄到海外,就很受欢迎。

多方的照顾

尽管国新社重庆办事处的机构非常之小,但是它自始至终受到了党的关怀和重视。周恩来同志举行的每一次记者招待会都通知国新社的记者参加。叶剑英同志曾接受我们记者的单独访问,纵谈解放区战场的军事形势。在打退国民党第二次反共高潮以后,周恩来同志还单独接见我们的记者,讲述党的坚持抗战、继续克服国民党投降危险和反共逆流的方针。八路军办事处的徐冰和陈家康同志曾多次同我谈过形势和任务。长江同志当时已是一名新党员,他经常向我们传达党对时局的一些看法和宣传要点。

同样不能忘记的是新闻界前辈张友渔同志对办事处的关怀。他也是国新社的一员,我们常常到他家去求教。他对文化界的情况熟悉得如数家珍，往往对我们确定选题和组稿作者提供非常珍贵的意见。

我记得有一次曾和任重一起去友渔同志住处听齐燕铭同志报告华北敌后形势。燕铭同志当时刚从华北敌后到重庆，他满怀激情地向同志们介绍了敌后的斗争和可喜的前景。

在新华日报工作的徐迈进同志也是国新社的一员，他不仅和长江同志一起主持青年记者学会，也关心着国新社重庆办事处的成长，曾参加办事处的社务会议。他作为年长的新闻工作者，多方鼓励和帮助我们办事处的一些青年同志。

当时在国民党军委会第三厅工作的阳翰笙同志，曾为国新社筹措经费出力，他利用三厅的部分经费，支持我们的工作。

同业的协作

此外，我们还有一批年轻的同业，支持我们的工作，成为我们的亲密战友。

1940年春，重庆地区一些新闻单位倾向进步的记者们建立了一个碰头会。它的目的是互通声气，交流情况，有时做到共同采访，分头写稿，互相呼应。参加碰头会的战友给我们国新社很多具体的帮助。我们要打听的人和事，在碰头会上每次都能得到一些线索和材料。

当时经常参加这个碰头会的有新华日报的李普、刘述周、吴金衡，扫荡报的谢爽秋和王克生，全民社的方树民、张维冷、方白萍，民革社的励刚，香港星岛日报的黄薇。这个会大致两周一次。

这个碰头会有时在我们国新社办事处开，有时在学田湾全民社的楼里，有时干脆就在饭店里订个房间，在餐桌上谈。当年这些同志都搞外勤，消息比较灵通，而且由于倾向比较一致，相互信任，往往大胆议论，探讨一些重大时事问题。不消说，在我们谈话之中，新华日报的同志和地下党的同志常常提供一些重要的情况和令人信服的观点。长江同志支持过这个碰头会，他曾为这个会的成员组织一次集体采访，到北碚作一次社会调查。

在国新社办事处新闻采访方面，当时在新华日报的陆诒同志和在《新民报》的浦熙修、张西洛同志都曾给予多方的支援。

被炸的灾难

正当我们重庆办事处工作开展比较顺利的时候，我们遭到了巨大的打击。办事处的整个楼房，在 1940 年 5 月初的一次日机轰炸中被夷为一片瓦砾。我们的同志们从防空洞里出来，一下子成了无家可归的人。除了随身携带的一些账本和几篇稿子，我们一无所有了，到哪儿去安身都成了问题。

长江同志为我们迅速找到了新的住处，而且把他存留别处的所有衣服被褥全部分给了我们，使我们六个工作人员都有铺有盖，还有了换洗的衣服。而他自己身边只留下了和我们一样简单的行装。

在这场灾难中，我们年轻的同志感觉到，在我们的进步事业里，领导人和我们是患难与共的兄弟。我们全体同志，经过这次灾难，受到了很深刻的教育。

在衣食不周的条件下,国新社重庆办事处在新的住处——五福街,又开始了发稿工作。

猫儿石——新的阵地

由于办事处在市内仍受日机轰炸的威胁,为安全计,必须找一处郊区的房子。

在盛夏来临之前,长江同志向一个四川老乡租到了化龙桥对岸山沟里猫儿石的一个军队办事处的一部分房子。猫儿石是一块比较偏僻的地方。我们的木楼前面是一块大菜地,背后有条小道,右边有条终年流水的小溪,一下雨,溪水就变成一条湍流。从这里进市区要从化龙桥过江,离市区有二十里地。

在新楼里,国新社办事处在楼下占一间屋作办公室,在楼上占三间房作宿舍。青年记者学会占了楼下邻接我们办公室的屋。这时"青记"的工作人员很少。木楼的其他房间,大多是一些文艺工作者的住处。当时我们的邻居是沙汀、黑丁、曾克、舒强,还有"青记"秘书傅予琛同志一家。这些人和我们同吃一锅饭。帮我们做饭的是一位壮健的四川大嫂。

办事处有了这个新的阵地,工作开始了全新的阶段,不但恢复了被炸前两路口的局面,而且增加了新的内容。为了增强同四川、青海以及整个西北各地报纸的联系,重庆办事处接办了总社向这些地区报纸发稿的任务,并负责联系上述地区的社员和通讯员,同总社和香港分社相互交换稿件。就在这个时候,总社调来了高咏和田方两位同志。高咏是个青年记者,也是一位诗人，有较高的写作修养；田方同志则主管了办事处的财务和后勤工作。

除长江同志年岁稍大以外，办事处全部工作人员都是青年。我们和当年的一些救亡团体一样，比较重视工作人员的自我教育，坚持集体学习。长江同志时常向我们传达党的方针，分析时局形势。他说话娓娓动听，内容精彩，富有说服力。我们经常像生活在学校里，有教师不倦地指导着。

我还记得他向我们讲过恋爱和结婚的问题。他说恋爱应有思想上的要求，双方应是志趣相同的人。他介绍过周恩来同志和邓颖超同志亲密合作的动人事迹，并赞扬他们是夫妇合作极好的典范。

在猫儿石，我们的物质生活不如两路口时期，吃大锅饭、睡地铺，没有什么娱乐，长年看不上一次电影和戏剧。但是，看到长江同志和邻居许多知名的作家都和我们同甘共苦，我们对艰苦的生活也都毫无怨言，一心向往的是抗战的胜利，政治的民主和人民生活的根本改善。

工作人员很少进城，因为离市区很远。但我们并不感到丝毫寂寞，总觉得我们的工作联系着国内外成千上万的读者。

难得的锻炼

1940年秋后，重庆的民主力量面临着越来越大的困难。困难不仅来自日本飞机的空袭和物质生活的艰苦，更主要的是来自国民党反动派的压制和摧残。

国新社重庆办事处逐渐受到了打击。发出的稿件的刊登率越来越小;有些报纸停止订阅我们的稿件,停止付给我们应付的稿费;我们的信件被扣压。我们给香港进步报纸拍发的新闻电报,经常被新闻检查所删得体无完肤。有一次拍发的关于一位民主人士发表谈话的电讯,新闻检查所使用了阉割法。它既删去了发言人的姓名,又删去了他批评国民党的谈话要点。

1941 年初,国新社在桂林召开年会,这次会议被国民党多方监视,他们随时企图动手抓人。会后,长江同志从桂林出走香港。

在这期间,皖南事变发生了,国民党对民主力量开始了全面进攻。国新社重庆办事处的工作已无法进行,办事处部分工作人员先后转移。高咏同志挺进到华北敌后;张清、黄明和我转移到了南方和香港。高天同志从桂林参加年会返渝,收拾重庆办事处的残局,只保持了同香港分社的秘密联系。

国新社重庆办事处存在的一年多时间,是艰苦战斗的一年,是经受考验和锻炼的一年。办事处被迫停办之后,这里的同志也像全社其他同志一样,继续跟着党走,为党的文化宣传工作作出了贡献。在我写作本文时,高咏、张清两同志已为党的事业光荣牺牲,成为烈士。

(本文写于 1980 年 7 月 1 日,原载 1980 年中国社会科学出版社的《新闻研究》资料)

转　移

1941 年初“皖南事变”之后，国统区共产党直接领导的许多机构被迫停止工作。党为了防备国民党的疯狂逮捕和屠杀，断然决定疏散隐蔽自己的工作人员。我们国际新闻社重庆办事处的工作人员也由党组织秘密通知进行疏散。我和同事黄明决定离渝南行。他的目的地是湖南，我的目的地是香港，因为香港有我们国新社的一个分社在。

早春二月雾都的一个早晨，黄明和我通过熟人的关系，在南岸搭乘一辆货车，开始了我们的转移。

当时，我对重庆还不免有些留恋。因为过去一年里，国新社重庆办事处从无到有，从小到大，打开了一个局面。尽管前一年夏天的一次日机轰炸，把我们社两路口的房子完全炸毁了，搞得我们一贫如洗，但在社长范长江同志的关怀下，我们一些年轻的同志在郊区猫儿石重整旗鼓，建起了一个更加壮大的据点。此刻形势逆转得那么快，我们不得不忍痛撤离我们苦心经营而成的“根据地”。

在重庆南岸搭车的时候，还遇见了好几位出版界的熟人，他们显然也是在相同的情况下出走的（在不到半年的时间内有50多家生活书店被查封，不少工作人员被捕）。虽然我们都想说几句惜别的话，但南岸也笼罩着紧张的空气，为了保证安全，我们只能装成陌生人，默默地分道扬镳，互祝一路平安，后会有期。

汽车在川黔山区公路上奔驰，第一天就经过许多著名的地点。一年前我从桂林赴渝时，经过娄山关、遵义、贵阳，我都曾尽情地观赏，看一眼也感到称心满意。但是，这次南行，对它就十分冷淡，心里就想着早些离开：遵义南面的息烽不就是监禁张学良、马寅初他们的集中营所在地吗？千万别在途中发生什么意外的危险。

第二天，汽车开进广西境内，下午就到了桂林。一年前繁荣兴旺的文化城显然也变了模样。《救亡日报》停刊了，夏衍同志去香港了。到桂林来参加国新社第二次年会的范长江同志也去了香港，好多熟人都已不在了。在国新社总社我只见到了秋江和唐海，他们都在忙于为未来作安排。

看来广西同重庆国民党中央并不是一个心眼，这里对于"共产党的人"采取的是网开一面的政策。黄明和我就在桂林分手了。他将到湖南去开拓新的天地。他的爱人和孩子都在湖南，为了工作他们已分别了两年多时间。我相信他到湖南会大有作为的。

在桂林，我主要忙于联系转道赴港的关系。当时正好有一些人要结伴同行，其中有叶以群、特伟、陆浮等，还有《救亡日报》的一批年轻人，其中有高灏、高汾、高静、华嘉、叶北华、王仿子、水声宏等，还有高灏她们的母亲。

张友渔同志是从重庆来桂林的，也要转去香港，他是照顾我们重庆办事处的前辈社员,他和爱人韩幽桐住在环湖旅社。当他了解到我赴港路费不足,就给了我100元钱。这是我由桂赴港能成行的重要条件。

我们一起启程的有20来人,先是坐船到梧州,然后由梧州搭自行车到广州湾(即今湛江市)。尽管这些人来自许多单位,有些人过去并不熟识,但这些人是朝着一个方向集合到一起来的,还处于相同的境遇,因此行动非常协调。没有人提出过什么纪律或是公约,但一路上步调一致,表现出了共同的心愿。

到梧州时,当地一位国新社的通讯员闻讯专程来找我,谈了当时的形势。我们都不免担心抗战的局面会发生大波折,历史上因政府卖国而沦亡于异族的事例是不少的。

搭自行车对我们许多人都是全新的体验。骑车的是广西的商贩。他们经常到广州湾贩运内地需要的商品,去广州湾时趁便载送旅客。他们让旅客坐在货架上,还允许乘客携带一件小行李放在车头上。我们一行人都搭乘自行车赶路,无一例外。车队一天也走一二百里地。蹬车人行车二三小时要歇一歇脚,喝点水,中午就在路边饭摊上吃饭。

二月粤南,不无寒意,但是公路平坦,一路十分顺利。下过一阵小雨,车在公路上还照常行进。时间对勤劳的商贩是很宝贵的,我们这些乘客也同样希望早些到达广州湾,尽管长途坐自行车货架,腰酸背痛,两腿发麻,也毫不抱怨。

只记得大批载人的自行车到达广州湾是傍晚天色还明亮的时候,我们一批人由领队的带进了当地一家不小的旅店。从坐船、搭车到住旅社都有熟悉情况的人为我们张罗。我已记不得全程带队的是哪个单位的谁,反正他是一个十分精明而热心的当地人。到了旅店,我们一行人就赶紧换洗衣服。旅社还烧了煤炉,让我们烤干衣服。

从广州湾到香港的客货船比较多,我们的船期就在到广州湾一天之后。当时到香港并不困难,只须买到一种香港的"出生证",就可以进入香港。我们这批人都无例外地办成了"出生证"。登船的时间是在下午,船开出海港,天就变黑了。接着来了狂风暴雨,轮船在海上颠簸得像骑在狂奔的马上似的。我是在江南水乡长大的,少年时没有少坐船,但坐海船还是第一次,对经受南海上的大风大浪实在毫无思想准备。船的颠动逼我把胃里的东西都吐了出来,我躺倒在统舱里的地板上,一整夜都不好受。第二天早晨到了香港口外,"噢,我们到了!"我心里感到了一种到了家似的快慰。

船靠了九龙码头,就有人把我们接到九龙一套公寓里住下。这是党当时设立的一个临时招待所。由于党在香港处于地下状态,这里的一切都是不公开的。

到香港第二天,我就找到了九龙弥敦道国新社香港分社。我的老上级恽逸群为我安排了新的岗位——新加坡《南洋商报》办事处记者。《南洋商报》由胡愈之同志主持,刘尊棋同志也已在年初赴新支援。这样我就结束了由重庆到香港的转移。

(本文原载 1989 年 7 月中国友谊出版公司编印的文集《抗战纪事》)

为新加坡《南洋商报》工作①

1941 年 2 月,我从内地的重庆来到香港,在那里参加了新加坡南洋商报香港办事处的工作。从此为《南洋商报》工作了不到一年时间,但这是难忘的一年,我经受了难得的锻炼。

我参加这个工作是由香港国际新闻社社长名记者恽逸群介绍的。自从另一名记者胡愈之应聘主持《南洋商报》编辑工作以后,国际新闻社同《南洋商报》就结下了不解之缘。胡愈之曾在中国抗日战争开始时创办了国际新闻社,开展了为海外华侨报纸服务的通讯社工作,《南洋商报》就是它服务的对象之一。同胡一起从香港到《南洋商报》工作的王纪元也是国新社的成员。我是当年受国新社培养的年轻记者之一。我庆幸我能被介绍到报社的香港办事处。我以为这是前辈们对我的充分信任。

当时南洋商报香港办事处设在九龙尖沙咀附近弥登道的一

① 1978 年 9 月 6 日新加坡《联合早报》庆祝创刊 75 周年,它编了一个当地华文报纸纪念特辑,事先约我提供《南洋商报》香港办事处情况。《为南洋商报工作的一年》就是我应约撰写的文章。

座居民楼的3楼，它的楼下就是国际新闻社。我在办事处居住，在国新社就餐，同我们国新社的同事们往来非常密切。恽逸群经常对我在《南洋商报》的工作给予指导和帮助。

《南洋商报》办事处的负责人是傅子祯，他是《南洋商报》经理部负责人傅无闷的儿子，一个年轻有为的新闻工作者。傅的妻子王安娜也是办事处的工作成员。我的另一位同事叫陈瑞麟，是和我年龄相仿的小伙子，他负责办事处的一些事务工作。

傅子祯经常为报社提供香港的新闻资料，用航空信寄香港各报的剪报，还转寄国新社持续发行的新闻通讯稿《国新通讯》和专稿。这类专稿中有国内通讯员如名记者陆诒等写的战地通讯，也有评论家如金仲华、恽逸群、刘思慕、羊枣等写的专文。胡愈之晚年著作《我的回忆》回顾他在《南洋商报》的工作时，曾说他在《南洋商报》工作顺利，归功于国新社为他提供很多的信息。按我的了解，这里就有报社办事处傅子祯的苦劳。傅子祯熟悉英文，也熟悉俄文，他还为报社寄了许多经过他翻译的资料。

我经过国新社前辈们的培养和提拔，曾在该社重庆办事处工作，采访当时抗战中心的重要活动，主要是爱国民主人士的活动。也曾兼任由金仲华主持的香港《星岛日报》记者，为它拍发电报和撰写通讯。在报道中国国内要闻和撰写通讯方面，我有了一些体会。我为《南洋商报》工作，主要就利用这些经验。

在香港，我采访当地同胞支援抗战的爱国活动，也报道那里进步人士的政治活动和文艺活动。

1941年初，中国国内发生“皖南事变”，许多进步人士如邹韬奋等从内地到达香港，他们纷纷集会结社，撰文议政，呼吁团结，反对分裂,争取民主。同年夏天又由于著名经济学家马寅初等民主人士在国内被扣压,香港爆发民权运动。港地原籍东北某省的民主人士周鲸文坚持营救被蒋介石扣压的张学良将军,他创办的《时代批评》杂志发起人权运动征文,出版了刊登应征文章的专号。一时人权呼声高涨,民主活动鼎盛。我的任务就是及时为《南洋商报》写寄有关的通讯。

当年《南洋商报》由侨领陈嘉庚创办,读者独多爱国华侨,都密切关心国内时局,希望抗战顺利和坚持到底,自然也关心祖国民主力量有关的斗争,因此《南洋商报》认真反映这方面的情况。傅子祯和我提供的一切可供刊登的材料,都被及时地刊登出来。作为年轻的记者,傅子祯夫妇和我都受到巨大的鼓励。

还记得当时由于内地一批文化工作者的到来,香港的文化活动空前地活跃起来。戏剧家金山和王莹主持的新中国剧社在抗战初期从中国内地出发,到海外为侨胞演出,也到过新加坡,备受欢迎。1941 年他们也来到香港,曾在香港公演《北京人》等剧目,都受到热烈赞扬。

当年香港新出版业十分兴盛。邹韬奋使原在抗战前在上海出版的《大众生活》复刊,继续发表他和一批进步作者的爱国和正义的主张。作家们出版了许多力作,我记得茅盾的著名小说《腐蚀》就在那时出版。邹韬奋为《华商报》所写连载文章《抗战以来》,在这年秋天结集出版,也是这年香港的一本畅销书。

我已经记不得我为新加坡报社写过多少有关香港文化活动的通讯,现在仅有的记忆是我写过有关张学良和马寅初被国民党政府连年关押的报道。另外我只记得,给报社写的一部分通讯用过“丁一”和“小鱼”的笔名。这时期我工作得很愉快，是多年之间难得的愉快。

同年12月8日，太平洋战争突然爆发，日本军队从四面八方进攻香港，香港很快就陷落了。我忘不了傅子祯夫妇对我的照顾。他们带我从九龙过海到香港中环一个朋友的商号里暂避，后来又带我扮成“苦力”经九龙转辗到惠州进入内地。当时傅决定返回福建家乡，我不能再受他照顾，才和他分手，西去湖南。我们为《南洋商报》一起生活的日子从此就终止了。

一直到1950年在新中国的首都北京，我才同傅子祯夫妇重逢，那时他们在中国农业大学任教，我在那里的《光明日报》工作。由于农大设在郊区，我们也难得见面，不过我们都始终保持着在香港合作的美好回忆。很遗憾，后来我们都离开了北京，并断了音讯。当我1978年回到北京后，听说傅子祯夫妇都已经不在人间。

我在前几年写作一本《胡愈之传》时，曾一度回忆过我们这些人为《南洋商报》工作的情况，《南洋商报》当年对南洋的民族民主革命还是很有贡献的。

（本文写于1998年5月26日）

在衡阳《大刚报》的一年

1942年1月，香港沦陷之后，我和在香港新识的俞励挺同志一起，经广东东江来到湖南衡阳。在这里我们找到了在《大刚报》工作的王淮冰同志，经过他的推荐，我们两人参加了《大刚报》的工作。励挺同志多才多艺，接任经理部会计主任的工作，我被聘为评论员，协助主笔严问天同志撰写国际问题社论。

当时衡阳地处大后方通往东南的枢纽的位置；由于湖南省省会长沙早在1938年大火中焚毁，衡阳成为湖南省最重要的城市。我1939年为国际新闻社工作时，曾几次经过此地到湘北前线采访。《大刚报》当时在衡阳是湖南最重要的报社之一。报社里有我的熟人，除淮冰同志之外，还有黄明同志，两人都是我们国新社的社友。淮冰是编辑部的主任，黄主持编辑部的资料室。因此，我来此后毫不陌生，相反有熟门熟路的感觉。

《大刚报》的社长毛健吾，国民党人，但有心把报纸办得像天津《大公报》那样，能赢得较好的声誉。尽管报社财力并不充裕，职工的待遇很差，他还希望增强报社的人力，对我和励挺同志能不计报酬，参加工作，他是欢迎的。

从1942年2月到1943年2月,我在《大刚报》工作了一年多时间。这期间衡阳和《大刚报》的物质条件都很艰苦,我认为那是我抗战中又一段苦学苦干的年月。但那段经历距今50多年,我能记忆起来的往事不多,而且已很不具体,这里只能粗略地记下几件。

学写国际评论

我从1935年在上海开始当记者,抗战开始后到内地在国际新闻社工作,主要学习写通讯,1941年在香港为新加坡《南洋商报》工作,主要也是写通讯。到《大刚报》要为报纸写国际评论,这对我还是一项全新的工作,我有点受宠若惊。好在以往救亡运动时期,我比较关心世界大事,长时期读过《世界知识》,在国新社协助张铁生同志编辑《国际通讯》时,我学习过《一周国际述评》的写作,以后在香港还细心研读过乔冠华、羊枣、金仲华等评论家写的国际评论,我终于大胆上马,试写《大刚报》的国际问题社论。还得感谢主笔严问天同志的热心帮助,我逐渐熟悉了这项业务。

记得1942年太平洋战争开始以后,世界大战进入了一个新阶段,法西斯轴心国家广泛出击,德意在欧洲,日本在亚洲,扩大了侵略范围。英美同法苏等国结成反法西斯联盟,与轴心国家对抗,从此开始了空前广泛和多变的战局。这时我国的报纸都承担了报道和评论国际问题的紧张任务。我这个评论队伍里的新兵,也就因此需要不停地学习和研究问题,不停地就一些紧要的问题写作社论。那年月，报纸习惯每天刊登社论，国际评论也两三天刊登一篇。这就给我以难得的锻炼。

翻译外国通讯社的电讯

为了帮助读者迅速了解战局，《大刚报》不能满足于仅仅采用国民党中央通讯社的电讯，它决定物色能抄收英文电讯的报务员，采用外国通讯社的电讯。就在我参加报社工作之后，报社用高薪聘来了原在《大公报》工作过的报务员。此人能用铅笔抄录英文电讯，毛健吾社长和编辑部的工作人员都很高兴。这时报社迫切需要一个合格的译电员。当时我就毛遂自荐："我来试试。"

我在参加新闻工作之前，毕业于东吴大学附属中学，这是一家教会中学，英语教学比较重视，我毕业时已具有一般英文报刊的阅读能力。但是参加工作以后，很少运用英语。从来没有翻译过英文电讯。这时报社报务员手抄的英文电讯不是印刷体，比较难认，有时还有错误和遗漏，有些电讯就很难理解。在开始翻译时，我只能选取其中完全理解的。工作一段时间以后，对有些人名、地名、军事、政治术语比较熟悉了，才有了翻译较多电讯的可能，为报纸提供了较多的新鲜信息。这段译电工作的经历为我以后从事翻译新闻著作提供了基础。记得就在《大刚报》工作期间，我利用从重庆收到的关于陈纳德航空队的英文材料，翻译和编辑成一本小书《飞虎传》。由于当年衡阳正是航空队的一个基地，这里的人们对《飞虎传》还有一定的兴趣。

为报社聘请总编辑

《大刚报》社长毛健吾说过，他从办《大刚报》开始，就有意办成一张《大公报》那样的报纸，取得《大公报》那样的社会地位。他一直在物色一位能干的总编辑。香港沦陷以后，不少知名的报人进入内地。当他知道我能联系当时已到达桂林的著名评论家羊枣时，他就委托我代聘羊枣任报社的总编辑。

羊枣曾是香港《星岛日报》的名记者，也是我们国新社香港分社的成员。我同他并不熟悉，但我了解我们国新社的同志，都有志于从事为人民服务的新闻工作；羊是我的前辈，他有可能来衡阳为《大刚报》工作，在内地发挥他的特长。我去桂林，首先找我熟悉的国新社领导范长江同志和金仲华同志，他们同羊枣是同辈的同事，他们都认为《大刚报》内已有王淮冰等几位社友，羊到《大刚报》主持编务，是可以大有作为的。我这回曾亲自去羊枣同志的家，向他反映《大刚报》和衡阳的情况。他终于同意就任。这也显然由于得道多助，我办成了《大刚报》这件向往已久的大事。

羊枣的到任，给《大刚报》编辑部增加了无穷的力量。他既是总编辑，也是主笔。他策划报道计划，还亲自撰写社论和专论。《大刚报》从此面目一新。

建议报社兴办民意调查

这件事办在羊枣同志到《大刚报》之前，是我们编辑部一些力图革新的同志们策划的,我们以为报纸当时应该反映民意。我了解过美国盖洛普民意测验的作用,建议报社也创办一次;好像也曾征得了毛健吾社长的同意,然后由编辑部的同志设计几个征求答案的问题。问题主要是关于国家大事的,究竟是哪些问题,我已经记不得了。征求这些问题的答案,目的就在于争取时局的好转。情况不出我们所料,读者纷纷应答,都表示了积极的主张,具体的统计数字我已经回忆不起来。民意测验的全部数字曾在报上公布,引起了广泛注意。几个外国通讯社都转播这次民意测验的结果,还认为这是中国民意难得的公开表示。《大刚报》办了这件事,向读者显示了它具有一定的进步倾向,但也给毛健吾招引了国民党内对他的嫉恨。后者是我们当时没有想到的。

参与集体学习

记得我那时尽管物质生活很差,住在南山上的一座寺院里,收入仅够个人糊口,但工作情绪很高。我们编辑部的同志思想上比较一致,有共同语言。为了提高认识,还能保持救亡团体集体学习的习惯,研究一些热门问题,以便共同搞好报纸的业务。学习的材料主要是在重庆出版的《新华日报》。当时参与学习的除《大刚报》的淮冰、黄明、严问天、俞励挺之外,还有当地《力报》的李龙牧同志。在羊枣同志到来之后,集体学习有了高明的领导,效果更为明显。许多原来不很清楚的问题,都及时地弄清楚了。有了集体学习,我们的生活就充实多了。

……

还记得我在为《大刚报》工作之外，也还同王淮冰、黄明同志等一起接待过路过衡阳的计惜英同志，他是我们国新社的社友，在主持国新社金华办事处时被捕，并被关进上饶集中营。他历尽艰险，从那里逃出，来到衡阳，我们帮他转移到桂林。

另外，衡阳当时没有进步书店，国新社社友张清同志在衡阳创办"三友书店"，我们也尽力给他各种支援。书店在这里起过传播进步思想的作用。抗敌演剧九队一度在衡阳演出，我们曾在报纸上帮他们作些宣传。……

1943 年 2 月，国新社早年的社长刘尊棋同志在重庆开始创办美国新闻处中文部，他写信约我去帮助他工作，我中断了在《大刚报》才满一年的报社生涯。回想起来，这一年艰苦而又愉快，还是很难忘的。

（本文原载 1999 年 12 月中国文史出版社编印的《大刚报史》）

参与《文萃》的苦斗

1945年冬，抗战胜利后几个月，原来在内地坚持进步文化工作的许多朋友，都和我一样来到了上海。原在桂林等地的国新社一部分同志又聚到了一起。国新社的传统使他们像杨柳树苗一样，要在新的土地上生根发芽，茁壮成长。秋江是国新社的老一辈，他早几年就在上海坚持党的地下工作。他按党的要求，发起办一本刊物，名叫《文萃》，国新社的同志们都理所当然地成为他办刊物团结和依靠的力量。

计惜英同志是我抗战开始时成立的战地服务团的老战友，以后又一起在桂林国新社总社同事，他为《文萃》的创办做了不少组织工作。《文萃》创刊时的内容最初是文摘性的，转载内地报刊一些文章，他负担着编辑工作。当时《文萃》新创需要宣传与推广，我参与做一部分推广，实际上是募款的工作。

《文萃》当时为宣传自己，印发过一份传单，讲了刊物的宗旨和内容，说明《文萃》这本刊物是上海和整个光复地区关心祖国命运的人们所迫切需要的；中国应该走向和平民主、团结建设和进步，避免内战和破坏。这篇类似发刊词的传单所说的话都是颇能打动人心的。

传单还开列了一些刊物的发起人，主要是一些刚从内地来的新闻工作者，例如秋江、计惜英、王坪、黎澍、张若达、唐勋、黄立文和我。

刊物由于立场鲜明，深得人心，销路逐渐打开。内容也由文摘性转为政治性，编辑部开始组织专稿，许多有名的作者成为刊物经常的撰稿人。

这本刊物也需要刊登一部分外国作者议论中国的文章，我就尽力提供这方面材料。因为这段时间我仍在美国新闻处工作，有机会为刊物搜集一些为国内读者关心的世界舆论。偶尔也利用材料，为《文萃》写些署名文章。

当黎澍主持《文萃》编务时，我持续地为刊物供稿，偶尔也参与出谋划策，考虑内容与形式的改进。我记得张若达同志的家就作过我们密议的会场。

黎澍当年风华正茂，虽然他比我们年长几岁，而且学识也丰富一些，但是同我们这些进步新闻界的子弟兵颇能打成一片。也就因此，尽管《文萃》是个苦差事，物质条件比国新社初期更为简陋，而且作为黑暗的国统区的一支火把，风险很大，但是，《文萃》这个新的集体也仍然精神奋发，斗志昂扬，使刊物一期期以战斗的姿态出现，而且越来越勇。

在我熟悉的年轻人中间，王坪像在国新社时期一样，为《文萃》写了不少报道性文章。他给读者印象较深的文章是《羊枣之狱》《一群民主的彗星照临上海》《反内战的巨浪激动了上海》《记上海学生抗暴大游行》等，他一直用国新社社长名记者长江同志传授的功夫，记录着上海人民当年的斗争。

唐海是为《文萃》供稿的又一个活跃的记者，他好像受了长江和苏联名记者爱伦堡共同的影响，他的文章既富于政治性，又富于文艺色彩。他在《文萃》上发表的名作是《臧大咬子传》。这篇反映当时美帝入侵的纪实文章给读者以深刻的启示，即为着民族的自由与解放，仍须反对美蒋，把外国势力和他们的奴才一起推倒。

我受着战友的帮助与鼓励，集中力量为《文萃》译写揭露美蒋的文稿，数量较多，几乎三期之内有两期刊登着我供给的文稿。

我没有条件像王坪、唐海同志他们一样从事采访和报道，但我很有条件搞点翻译，这样我就译得多，写得少，成了一个英文新闻作品的翻译工作者，为《文萃》提供了一些作为本国舆论补充的东西。有的就像斯诺的《西行漫记》一样，是外国作者关于国内情况的报道和评论，是国内读者十分需要知道的。

我记得，国际问题评论家名记者羊枣之死是当时社会上十分关心的事情，它反映了国民党当局的心毒手辣，对进步文化人进行了残酷的迫害。王坪写了有关的报道，我译了一些有关的国际舆论，作为配合。

1946—1947 年间，国民党政府在美国支持之下在华北与东北穷兵黩武，挑动内战。当时确有一些正直的美国作者写过反对美国干涉我国的文章。《文萃》登了这些文章的译文，其中一部分是我译的。

1947 年 5 月，《文萃》主编黎澍同志已转移到香港，刊物不久被国民党禁止出版，但接任主编的陈子涛同志仍坚持以小册子形式出版《文萃丛刊》,宣传党关于反内战、争民主的政治主张。当时我在新出的美国杂志上看到美国记者安娜·路易斯·斯特朗记录毛泽东谈论帝国主义和一切反动派都是纸老虎的访问记。我赶译出来之后就交给陈子涛同志。他十分重视这篇宣传党的战略观点的文稿,就把它用作5月30日出版那一期《文萃丛刊》的主要文章,把这期丛刊标名为《论纸老虎》。这期《文萃丛刊》受到了国统区关心形势的广大读者的珍视。

不久,国民党当局变本加厉地查禁《文萃》。《文萃丛刊》于6月末停刊,主编陈子涛和参与《文萃》工作的两位国新社战友骆何民与吴承德同志被捕并被杀害。他们三位是为《文萃》的出版而牺牲的烈士。在记忆40年前《文萃》往事的时候,我深切怀念着那些殉难的战友们,他们都是党哺育的好战士,他们血写的历史最能有效地鼓励我们革命事业的后来人。

(本文写于1987年4月15日,载1988年第6期《新文化史料》)

两度留港

上世纪，我曾两次为避难从国统区出走到香港。在香港接待我的都是中国共产党领导的通讯社国际新闻社。第一次是1941年2月，我留在香港工作了将近一年；第二次是1949年2月，呆了两个月之后，从那儿转移到了解放后的北京。

两度居留香港，给我的印象很深，解放前它虽然是英国统治下的殖民地，但是，这里已经存在着广大的爱国民主力量。党曾经巧妙地利用了这里多种多样的矛盾，使这里几度成为革命力量在境外活动的一个基地。我在香港当年兴盛的进步文化活动中，受到了难得的锻炼。

1941年1月，国民党当局消极抗战，背信弃义，悍然发动反共的“皖南事变”，国统区白色恐怖严重，共产党中央决定：在国统区“凡有被国民党捕杀危险的公开或半公开的干部，应转移地区隐蔽起来，或调至军队工作”。当时国新社重庆办事处的工作已经受到压制，我是办事处的负责人，一直在市内进行采访活动，坚持维护抗战、团结和进步的报道，当时经过救国会的关系得到通知，布置了部分同志的转移。然后，我自己在1941年2月从重庆出走，去香港找我们国新社香港分社。

我途经桂林时，得到国新社的前辈社员张友渔的资助，和《救亡日报》的部分同志一起，经广州湾搭船到香港。当时广州湾就有共产党的联络机构，负责接待我们这一批人，为我们购买赴港必需的“出生证”和船票。到港时党的机构又安排我们在九龙的接待站安顿下来。然后我由国新社领导介绍到新加坡《南洋商报》的香港办事处，任驻港记者。《南洋商报》的编辑工作由秘密党员胡愈之领导，那里还有刘尊棋、张楚琨、沈兹九等和他一起工作，进行对南洋华侨的抗战宣传。

1941 年初次到港

当年香港进步人士云集，主要是分别从重庆和桂林两地疏散出来的，其中知名的有邹韬奋、茅盾、范长江、夏衍、张友渔、千家驹等人，他们和原在香港的廖承志、乔冠华、金仲华、羊枣等结合起来，开展了广泛而盛大的进步文化活动。

当时起核心作用的是党领导的《华商报》，它成为境外民主运动的号角。邹韬奋在报上发表了他的连载文章《抗战以来》，然后范长江发表了《祖国十年》。两篇文章都有力地揭露了国民党的腐败和倒退。

邹韬奋还重新出版了刊物《大众生活》，像在上海出版的《生活》一样，呼喊着“起来，不愿意做奴隶的人们！”。

金仲华主持的《星岛日报》坚持着爱国民主活动的报道。当年这张报纸的主人胡文虎是个大企业家，也同情进步的呼声。

许多进步人士的文章在《星岛日报》上发表。

进步的戏剧工作者和画家都积极地开展工作，争取当地和海外的同胞。我记得金山、王莹的剧团演出过曹禺根据巴金小说改编的剧本《家》。

由东北籍爱国人士主持的刊物《时代批评》，在同年秋天出版了一期“人权运动特刊”，进步人士纷纷发表揭露国民党当局专制和残暴的文章。关于张学良和马寅初等被长期关押的揭露，引起了海外社会广泛的义愤。我为这次专辑写了有关的文章。

当年香港的正义呼声一浪高过一浪，对维护抗战、团结和进步的内地情势起到了积极的作用。但是同年年末爆发了太平洋战争，日军攻占了整个香港。还是共产党的组织千方百计把进步人士从香港搭救出来。我从九龙经惠阳回到了内地。

1949年第二次到港

第二次去香港是1949年2月。抗战胜利后我一直在上海工作，持续为党的地下刊物《文萃》写稿，1947年3月《文萃》被封以后，主编黎澍转移到了香港，编辑陈子涛、吴承德、骆何民等仍坚持出版《文萃丛刊》，我翻译的美国记者斯特朗访毛泽东谈美帝国主义和一切反动派都是纸老虎的文章，就在一期《文萃丛刊》上作为主要文章发表，以后丛刊还出了几期，揭露国民党当局的文章都非常尖锐。陈、吴、骆三人终于被捕，不久被分别残杀，成为有名的“文萃三烈士”。这期间解放战争节节胜利，蒋家王朝根本动摇，上海白色恐怖日趋严重，共产党人王孝和被公开杀害，许多进步人士被捕。1949 年 2 月，我终于从上海出走，再次避难到香港。

这时香港民主运动又起高潮。《华商报》早已在 1946 年初复刊，由夏衍、刘思慕、邵宗汉等主持，正大力宣扬解放战争的辉煌胜利，揭露美国扶蒋反共，它是解放区以外中共最响亮的号角。廖沫沙主持的刊物《群众》也在香港出版。

这时中国民主同盟已将它在港的机关报《光明报》复刊，由梁漱溟、萨空了、黄药眠等主持。这报纸发表了许多当时无法在国统区发表的民主革命文件。这年 1 月民盟联合其他民主党派发表宣言，宣布接受中共的领导，拥护建立民主政府的主张。

香港《文汇报》继承着上海《文汇报》的传统，尽力支持人民民主的斗争，也发表着许多反对美国和蒋介石集团的报道。我在该报发表过题为《美国黑幕》的连载文章。

国新社仍然以海外报纸为对象坚持发稿，报道解放战争和争取民主斗争的新进展。它由名记者秋江和陆诒等主持。刘尊棋在主编英文《远东公报》，这是国新社早先由陈翰笙教授主持的英文通讯，发给海外关心中国事务的报刊和热心人士。

一个为新中国培养干部的达德学院招收了许多爱国青年，参与教学的很多是知名的民主人士，如邓初民、沈志远、宋云彬、侯外庐、翦伯赞等等。

当时最有政治意义的一项活动是留港的民主党派人士分批北上。中共代表潘汉年当时在香港领导这项工作。就在我在港的两个月内护送的工作特别紧张。笔者本人是在 3 月间同作家杨骚、蒋牧良等一大批人同船北上。我们搭的英商货船因故延期启行，我和一位老先生（我已记不起他的名字）一起向英国轮船公司交涉，要求轮船滞港期间，乘客的吃住费用都由公司负责。这是我生平第一次参与对外的交涉。我体会到，我们交涉的胜利完全是当时解放战争的节节胜利的副产品。英商已考虑到未来同新中国的贸易。

4 月初到天津时，那儿的年轻人把我当作海外归来的爱国华侨，表示热烈欢迎，其实我只是一个经香港过境的内地人。

40 年代前后两度停留香港，给我留下的记忆还是不错的。我感谢所有帮助过我的同志。

（本文写于 1996 年 1 月 19 日，原载 1996 年 3 月《同舟共进》）

在《光明日报》最早的十年

1949年4月,我刚从上海经香港来到北京。党中央已经决定,要由中国民主同盟来创办一张报纸,起名为《光明日报》。当时的国家领导人对这张报纸都寄以热望。毛泽东主席为它写了"团结起来,光明在望"的题词。朱德总司令写的是"民主光明",周恩来写的是"光明之路"。还有不少其他领导人都送了热情鼓励的题词。《光明日报》总编辑胡愈之撰写的发刊词宣告:报纸的奋斗目标是"国家的民主、和平、独立、统一"。

当时我不是民主同盟的盟员,而只是一个爱国的青年记者。解放前胡愈之同志曾两度领导过我,一次是在国际新闻社,另一次是在新加坡的《南洋商报》,我是《商报》驻香港办事处的记者。基于两次的同事关系,胡愈之邀我参加新办的《光明日报》工作。胡愈之约我谈话时,还见到了民主同盟的副主席沈钧儒老人,他们都对我慰勉有加,使我很受鼓舞。

为人民报纸出力

解放前,我已有近15年新闻工作的经历,但是一直是在国统区和香港工作，爱国的心情，民主的愿望都始终受着压抑，报道国事真相，写些接触时弊、促使社会进步的文稿，都是煞费苦心的事。解放后进《光明日报》，能直接参加办一张鼓吹光明的报纸，心情的激奋实在难于言状。

《光明日报》一问世，立刻受到国际上的重视，它既然是民主同盟的机关报，它的一些言论一直被看作是代表中国民主力量的声音。报纸采访的任务比较繁重，我作为国际部的负责人，多次外出采访。朝鲜战争期间，曾两次被派到朝鲜战场。一次是1952 年春，报道美国在朝鲜发动了细菌战。同行的记者一位是《文汇报》记者浦熙修，另一位是《大公报》记者朱启平。朱曾在1945 年 9 月 3 日代表中国报纸登美舰尼米兹号，采访日本投降的签字仪式。

采访细菌战新闻并不是一桩轻松的活动。我记得我们在出国之前打过一系列防疫针，反应的难受是生平没有经历过的，有时头晕，有时想吐，膀子肿了好几天。赴朝途中一概是夜行军，我们坐在苏制齐斯卡车上，还得担负瞭望任务。汽车过鸭绿江，在朝鲜北部山间公路上行驶，遇到敌机投下照明弹，汽车得赶紧隐蔽。一夜间几次下车，在树林里躲避轰炸。好容易安全到达朝鲜北部的碧潼，那里设有美国战俘营。

以后，我们在朝鲜北部多方了解美军进行细菌战情况，还旁听过志愿军军官对美军战俘的审问。我们的住处是朝鲜农民住的茅屋。三四月间朝鲜北部气温很低，睡在稻草上总感到寒冷难忍。我当时就很佩服浦熙修同志，她虽然是个女记者，但她对于一路上的艰苦生活都处之泰然。整个朝鲜战争期间，到朝鲜战场工作过的女记者是不多的，浦熙修无疑是很能吃苦的一位。

记得那次赴朝采访拍了新闻纪录片，我们三个记者和两位细菌专家作为细菌战的见证人上了银幕。

另一次去朝鲜战场是次年 7 月，美国当时的司令官克拉克承认，美国是在错误的时间，在错误的地方进行了错误的战争。这年 7 月 27 日，朝鲜作战双方签订停战协定。我是我国少数进入板门店签字会场的记者之一。当时的签字大厅是在三八线上中朝方面承担修建的宫殿式的屋宇。大厅面南，中间是双方代表签字的长桌，左右两旁设着记者席。我坐在右边记者席的第二排，亲眼目睹朝鲜战争中的这一个庄严的事件，美国侵略军的司令官克拉克将军在美国历史上第一次没有打成胜仗的停战协定上签了字，克拉克当时的神情是十分沮丧的。我为报社写了以《人民的胜利》为题的通讯，报道了这个历史性的场面。

停战协定签字之后，我们一部分报社记者还到平壤作了短时间的访问。平壤久经美机轰炸，已经是一片瓦砾，但是一个英雄的城市仍在地下存在着。我们参观了设在地下的工厂、剧场和托儿所，充满了生机。我感到激动，因为我亲眼看到了朝鲜军民同美国苦斗的一部分奇迹。

谢谢新华通讯社志愿军开社的负责人普金同志，他向国内各报转发了我写的题为《新生的平壤》的通讯。但是，我依然觉得遗憾，我总觉得我的写作水平太低，没有能充分反映出英勇的朝鲜人民可歌可泣的抗战事迹。

福祸相继而来

到 1955 年春,亚洲太平洋地区和平会议在北京中南海会场举行。这是北京难得的一次国际盛会。我在解放前工作过的国新社的老领导名记者范长江,主持大会秘书处的工作,领导这次大会的新闻报道。我很庆幸又一次在长江同志指导下工作。我在新华社发布的消息之外,为《光明日报》写了一些反映会议主要活动的通讯,受到了大会新闻组的表扬。

1955 年 1 月 1 日《光明日报》被批准第一家实行横排,这在新闻界也是一件大事。当时外交上还在提倡“一面倒”,新闻工作也主要学苏联。我学了点俄语,正好能读懂俄文报纸,因此我曾认真地为报纸改版提供参考资料。苏联的日报天天在第一版最左边发表一篇社论,《光明日报》也一度照学不误,按日发表社论。由于国际时事新问题多,我成了报社经常撰写社论的作者之一。

1956 年,党中央重视知识分子的作用,同年 4 月在召开全国先进生产者、先进工作者代表会议时,为知识分子留了较多的名额,我被报社选为出席会议的代表之一。同年全国记协召开代表大会,我又荣任代表,还被派到芬兰的赫尔辛基,出席当年的“国际新闻记者会见”。我作为一个新盟员,这年被推选为北京市委委员,市委宣传部的副部长。也就在 1956 年,我被党吸收为预备党员。报社有的同志戏谑地说我“五福临门”了。

紧接着就是知识分子加紧改造的年代。1958 年我作为党员带头参加劳动锻炼，到吉林通化三棵榆树乡去干农活。由于我积极参加劳动，热心社会工作，被选为锻炼的典型，又一次上了新闻纪录片。可是，这年庐山会议之后，乍起反右风浪，我这个当年的幸运儿突然成了不幸者。由于我撰写的一篇关于全非人民大会的社论，经外交部审阅后刊出，总编辑穆欣诬为“宣扬非暴力”，对我开展批判，到1960年夏，我成了全国最后一批右派分子之一。我步了许多同志的后尘，其中包括和我一起访朝的浦熙修和朱启平。

这个突变使我和我一家都在北大荒过了整整18年的屈辱生活。我自己从农田到工厂，又到剧团、图书馆干了各种各样的活，“文革”期间，我挨过皮鞭，坐过牢，被抄过家，自己的一些论著都被没收了。我本以为从此就在边疆了此一生，哪知道1979年党中央开始“拨乱反正”，又使我重返北京，恢复了政治名誉，恢复了报人生涯。

□ 1978年冬于友和《光明日报》老同事在一起

参与创办《China Daily》

1980年秋，已经记不得哪月哪天，我从东北回到北京后在《光明日报》等待分配，中央组织部传令我到筹备英文版《中国日报》China Daily的人民日报社报到，从此我就开始参与了创办这张新报纸的工作。这是在改革开放刚开始的年代，我开始了一段崭新的传媒生涯。

新方针和老干部

我一来报社就听到了"新事新办"的口号，英文报将要按新的方针兴办。中国日报筹备小组的江牧岳同志告诉我，新方针八个字"大胆、活泼、全面、及时"，是不久前中共中央召开的对外宣传工作会议决定的。当年主持中宣部的胡耀邦同志指示："《中国日报》要有一个不同于中文报纸的办报方针。"

我是个老报人，干了许多年报纸，一直谨小慎微地奉命工作，第一次接受到这样新鲜和高明的指示，我思想上得到了空前的解放，我将从事一项报业改革的创举，参与开创一张新型的中国报纸。

就在一种新的氛围之中，分别从四面八方调来的同事，都具有一种积极进取的精神。江社长原来是外文局的副局长，副总编冯锡良和老姜来自同一个单位，总编辑刘尊棋来自百科全书出版社，其他几个副总来自新华社和几个中文报的报社，大多相互并不熟悉，可是来到《中国日报》，接受新的工作，却产生了同心同德的合作精神。这些人都十分虚心，甘心一起认真学习和解决新的课题。

冯锡良同志是美国密苏里大学新闻学院的高材生，回国后在外文局经办英文刊物多年，但是为了办英文的《中国日报》，依然和刘老、姜老、郑德芳同志等一起到美国去学习办报纸的经验；罗青和张则孙同志曾分别利用不同的机会去美国考察；老冯、老姜还去澳大利亚学习。他们一个个都老当益壮，虚心吸取新的经验。

我和何廷庆、邓爱珠两位同志一起去了泰国，向《曼谷邮报》取经。我当年是以难得的留学的心情，去完成学习办英文报的课程。我们带回来编辑部和管理部门多种宝贵的经验，其中包括办学生周刊和奖励制度等措施，后来都在自己报社得到推广。我个人由此确信：虚心向榜样学习，是克服困难的前提条件，非常必要。

报社领导采取的有效措施

当年由这些老干部组成全面领导报社工作的社务委员会，

□ 1981 年本文作者于友参加《中国日报》晚班编前会议

江牧岳同志任社长,他采取一种非常宽松的干部路线,大胆任用许多过去被错误路线歧视甚至排斥的人员;他有事总和大家商量,能虚心听取同事们的意见。他还严于律己,宽以待人;记得我 1982 年在上海开展工作时,和老江一起设宴招待过当地新闻界的朋友,后来检查财务的机构发文公开批评我一个人,老江知道后,曾当即向他们郑重声明:责任在他,不能要于友代人受过。老江坚持这样的态度,在报社影响很大,使大家感到安心,并受到主动积极开展工作的鼓励。

总编辑刘尊棋同志是有名的老报人,具有国际报道的丰富经验,我记得他在来报社以后开办了三件大事:一、带头写《中国日报》第一篇社论;二、亲自访问政要,并组织一个采访小组,持续发表政要访问记这种独家新闻;三、设立一个特稿组,采写反映中国民间实际情况的可读性特写，开办《民众和生活》专版，吸引广大外国读者。刘老的举措显示着他的改革精神，他启示我们大家：搞对外报道，就应该认真为国外读者着想，向他们作真实和全面的报道，让他们多多了解改革开放中的新中国。

“海归”冯锡良同志充分显示着他爱国和勤劳刻苦的精神，他作为执行总编，不分昼夜地工作，全心全意地帮助业务上不如他的同事，报社许多创新措施都由他设计，并由他领导执行，但是他常常把成绩归功于别人。新闻照片在头版显著地刊登，曾震动国内新闻界，他认为这该是摄影记者的功劳，认真地赞扬了王文澜等人。我却由此认识了：领导者应该具有一种“慧眼”，也就是练就伯乐那种发现人才的能力。

全社人员通力合作

我认为江、刘和冯三位领导人的结合很成功，他们在《中国日报》的创刊时期起着主要的领导作用。他们非常善于发动群众，他们都往往利用开会的机会，开展与会的人们共同探讨，解决一些实际问题。举例说，在报道中出现差错，他们就运用这种民主方式开展讨论，让所有有关的人员都从而明白应得的教训。由于他们不搞命令主义，那时报社全体工作人员的关系比较和谐，让我们大家工作时心情舒畅，免除了过去那种不该有的惶惑和慌张。

我在创刊第一年，曾被派担任夜间新闻版发稿的主编，这项工作叫我好像走在薄冰的湖面上一样，精神比较紧张，深怕出现政治性的错误,因为那是国家对外性质的错误。我至今还要感谢当年和我一起合作的中外战友;由于我们共同提高警惕,认真负责,才克服许多许多难免的失误。我体会:干任何集体性的工作,互助合作的精神不可少。

在报社工作期间,我还负责过公开招考编辑记者,创办特刊、到上海设办事处和开办子报,以及第一次分配住房等等工作,还一直照顾过体育、照排、校对、资料等部门的业务,我联系的职工比较多,深切地感到依靠群众的重要;报社编辑方针的贯彻和各种业务的开展,都需要中青年干部的共同努力来取得成功。

我记得在报社创刊几年间,在我们年轻的同事中就崛起了不少新秀:刘砥中、黄庆、朱英璜、刘式南、田英、于文涛、范先聿等等。朱灵、黎星等更年轻的同事曾被选送到美国去深造。技术干部朱文忠曾去清华大学进修,以后还被派出国考察。优秀的人才一直在我们报社有特色的人事制度中不断涌现。

在报社开创的那几年,我充分认识了报社新事新办的方针的英明;同事们的实践证实了马克思的一句名言:先进的思想一旦为群众所认识,就会形成一种强大的力量。

效果终于十分明显

关于《中国日报》在编辑业务上取得的进步,我敬佩报社老同事郑德芳曾向她家里人说过的体会:《中国日报》好在“不再把宣传当作‘新闻’,不再把国内的消息翻译成英文,而是让所有的记者自己采访,自己用英文直接写作,而且用外国人看得懂的英文写作，没有禁忌，没有说教。这样就大大提高了《中国日报》在国内外的影响，同时也大大宣传了中国的改革开放，让更多的外国人了解中国”。这些话曾公开发表在去年第十期《炎黄春秋》上。

我可以补充的一点是：我们《中国日报》对外报道的优越成绩是报社各项工作都有进展的表现，是全报社同事积极努力的成果，更主要是对外报道的“八字方针”一直起着指导的作用。

我在报社实际工作了五年，取得不少新的经验和教训，主要是群众路线和改革创新的理念。我由此认识了：传媒事业的创新无止境，从业人员永远需要虚心学习，大胆进取。

（本文写于 2009 年 6 月 15 日，时年 94 岁）

□《中国日报》创报时同事合影，于友在前排最右端

为团结知识界效力

我是个老记者，一辈子从事传媒工作，解放后几十年之间，先后有两次为中国民主同盟的报刊服务。一次是1949年6月，我开始参与民盟中央的机关报《光明日报》的工作；另一次开始于1985年的改革开放时期，我参与创办民盟中央的机关刊物，也是民主党派的第一个刊物《群言》，当了一年第一任主编，然后担任过多年的执行编委。

参与早年的《光明日报》

早在共和国成立以前，我曾两度在新闻界前辈胡愈之领导的新闻机构中工作，在他的提携下，我在思想和其他各个方面都有些长进。1949年，胡愈老引导我参与他负责创办的《光明日报》。这份报纸作为中国民主同盟的机关报，旨在推动民主团结事业的进一步发展。它创刊时的社论题目为《团结一致建设民主新中国》，它阐明了实现新民主主义需要民主团结、共同奋斗的道理。这份报纸以知识分子为主要读者，传布以科学和民主为主要内容的现代化信息。

当年作为报社的工作人员，我衷心拥护报社的报道方针，尽力完成所负责的报道任务，其中大量的就是有关于新中国民主事业发展的报道。就在工作不到两年的时间内，我被报社民盟支部吸收为新盟员，以后还被选为全国文化先进工作者。那些年我心情舒畅，业务能力进步较快，一度被选为参与全国新闻工作者代表大会的代表，并曾参与在芬兰首都赫尔辛基举行的国际新闻记者的会议。

1957 年“反右运动”爆发，由储安平任总编辑的《光明日报》成为反右重点，我由于主管国际报道，不涉及国内政治，也没有参与鸣放，未受涉右的惩罚；但是，在 1959 年开始的“反右倾运动”的最后，我被定为“漏网右派”，被已经归文化部领导的报社清除，被下放到东北劳动改造，备受折腾 20 年。我在报社的这段工作经历，令我得到了重要的体会：我们国家封建专制传统延续久远，现代化事业进展不易，民主团结的呼吁还需持续尽力，记者的工作任重道远！

为《群言》工作多年

1979 年，我的“右派”罪名被“改正”，终于返回北京，重新从事新闻工作。1985 年民盟中央决定顺应改革开放的大政方针，创办机关刊物《群言》。我再一次由当时担任盟中央领导的胡愈之同志引荐，参与《群言》的创刊工作，成为第一任主编和编辑委员会成员。

《群言》作为民盟的新传媒,同早年主办的《光明日报》一样,以知识分子为服务对象,立意为知识界开创一个议论的平台。《群言》的名称源于胡愈之1979年所提关于群言堂的建议,他呼吁"要群言堂,不要一言堂",主张民主党派要"宣传民主,发扬法治,普及文化和科学知识"。

当年我和《群言》的执行编委及编辑部的同志们一起,力图把刊物办成"知识分子的群言堂"。我们为刊物设计诸多栏目,吸引知识界各种文稿,让大家为改革开放发表议论,提供建议。每期刊物都有一定篇幅用以反映文教和科技工作者的实际境况和思想感情,受到知识界及广大盟员的喜爱,一些国外著名大学的图书馆也可看到《群言》,这让我和编辑部的同事们欢欣鼓舞。我们举办过多次征文,都取得了较热烈的反响。专题座谈是《群言》的一大特色,我们每月选择一个热点或重要问题,约请盟内外各个领域的专家学者,各抒己见,畅所欲言。发言经过整理后,在《群言》上发表,不少意见和建议受到有关部门的关注。这也是积极推进民主党派建言献策、参政议政的一种工作形式吧。《群言》的创办和发展,让我从中感悟到前辈倡导的"开门办报",确实是所有传媒成功的诀窍。

我为《群言》工作期间,由于同许多学者和专家多年交往,受到了难得的锻炼:一是有关民主和科学的理念得到提高,更加坚定了我荣辱与共、民主团结的政治信念和科学发展的思想观念;二是虚心求教的心态有所加强。我感到办刊物应该以邹韬奋为榜样,只是我当年能力不足,学习又不够认真,工作效果实在相差很远。再说改进工作,传布社会科学的启蒙工作尤需加强,我一直殷切期待着宽松的文化环境。

在我的人生经历中，曾两度为民盟中央的报刊服务，经风雨才见世面，收获颇多，教训不少。如今我们迎来民盟成立70周年庆，《群言》杂志经过26年的发展也成为颇具影响并深受读者喜爱的民主党派机关刊物。回顾这些往事，实在有太多的感慨，也有许多反思，现在记载下来，只作为初步的思考吧。

附：《群言》发刊词[①]

早在六年多以前，邓小平同志就明确指出："干革命，搞建设，都要有一批勇于思考，勇于探索，勇于创新的闯将。"

他还说过："在党内和人民群众中，肯动脑筋，肯想问题的愈多，对我们的事业就愈有利。"

"一个革命政党，就怕听不到人民的声音，最可怕的是鸦雀无声。"[②]

这些话说明我们党对人民声音的重视。党殷切盼望多听人民群众的意见。集思广益是革命和建设事业的需要。

这几年来，我们文教科技战线的一部分同志一直希望创办一本刊物，提供给知识界，公开说一说对新时期的新情况和新问题的看法，说一说对两个文明建设的愿望和意见。还希望通过刊物，交流我们的思想认识，就一些比较普遍关心的学术问题展

---

① 1985年民盟中央创办《群言》杂志，于友被聘任主编，曾负责起草发刊词全文。

② 小平同志的话均引自1978年12月13日邓小平同志的讲话《解放思想，实事求是，团结一致向前看》。

开讨论,使这些认识有所提高,更富于创见和建设性。

党的十二届三中全会作出的《中共中央关于经济体制改革的决定》,以"尊重知识、尊重人才"为最重要的一条,我们就更加确信知识界的真知灼见将受到珍视。因此,出版这个刊物就更具有重要意义,具有紧迫性。

现在这个刊物终于和读者见面了,取名为《群言》。

《群言》坚持四项基本原则,坚持"百花齐放、百家争鸣"的方针,解放思想,实事求是,摆脱过去"一言堂"的影响,说真话、实话,不说假话、大话、空话,对新情况、新问题发表新见解。广大知识界将本着"位卑未敢忘忧国"的精神,各抒己见,畅所欲言。

《群言》是一种政治性与学术性相结合的综合性杂志,注重现实性与科学性。我们国家正当大兴改革的时期,知识界对各项事业的改革开动脑筋,献计献策,大有可为,同时需要对妨碍改革的旧思想和社会丑恶现象,例如极"左"思想、僵化思想、封建主义残余、官僚主义、极端个人主义等等进行无情的揭露与鞭笞。

考虑到目前正处于新技术革命时代,知识分子自己也有知识更新和掌握新知识的迫切要求,本刊将以部分篇幅刊登新知识介绍和新科学信息,以开阔眼界,武装头脑。

我们希望把《群言》办成知识分子的"群言堂"。老一代知识分子盍兴乎来,为《群言》供稿,还希望中青年知识分子参加发言,使刊物成为知识界老中青交往的桥梁,在这里互相学习、共同提高。

这个刊物要努力办得形式多样,生动活泼,为广大知识界所喜爱。除发表专论、评论、杂文之外，刊登专题座谈的记录、调查报告、科技论丛、百科信息、治学篇、人物志、访问记、回忆录、出访归来、海外通讯、读书札记、新书评介、历史掌故、读者信箱等专栏文稿，以及漫画和其他美术作品。还准备刊登诗词和文学作品。

创刊伊始，我们竭诚向知识界前辈和广大读者请教，请大家给我们提出宝贵意见，踊跃来稿，帮助我们把《群言》办好。

找回20年

从1959年到1978年,我一直蒙冤,长期在东北劳改。1979年得到“改正”,回到北京,我已经62岁,但我下决心重新干些工作,找回我损失了的整整20年宝贵时间。

从解放后的1949年起,我就在民盟中央创办的《光明日报》工作。1957年报社成为“反右”重点,我虽然当年没有遭难,但在1959年仍被紧跟康生的报社领导诬为“右派分子”。这时我正当年富力强,从此蒙冤20年,能不感到心痛吗?那年月,唯心主义和形而上学猖獗,是非颠倒,长夜难熬啊!

1979年,拨乱反正开始,知识分子重新受到重视。我虽然经过多年难挨的折腾,神经没有错乱,体力尚存,不甘落后,不服老,要继续干我熟悉的工作,当新时期的促进派,并找回我损失的时间。从此,我干了一年又一年,到今年总算找回了20年。

要问这20年干了些什么?我回头看,都是些我边学边干的新工作:

1979年,我曾一度在新创的大百科全书出版社工作,参与创办《百科知识》杂志,为改革开放推动知识的学习。在改革开放才起步的年月,多么需要解放思想的理论和促进生产的科技知识,这本杂志的创办是及时的。我自己作为编辑,要尽力学习,才勉强能为读者提供些当年急需的知识。

1980 年我被调参与筹备英文版《中国日报》。这对我是一项全新的工作。以往几十年,我都在搞中文的新闻,为国内读者服务。新时期需要加强对外报道,创办一张全国性的英文报,我又边学边干,一连干了 5 年。这期间,我勉力主持编时事新闻的夜班,为时不止一年。

1985 年民盟中央创办了《群言》杂志。我一直参与它的编辑工作,到今年历时已有 14 年。除了编稿以外,我尽力学习早年生活周刊的主编邹韬奋,为刊物写作“小言论”。前辈评论家胡愈之说过,韬奋的文章通俗,更适应群众理解,效果更大。可惜我学识浅、底子薄,文章的效果总没有起到韬奋的“小言论”那样的警世作用。

在过去 20 年之间,我始终想着:我 1935 年在上海走进报社,从此当上记者、编辑,比较熟悉的还是新闻工作,这是我可以利用的一点优势。我该为新闻界的后来人尽点力。于是在编报刊之余,我写了些传播前辈记者先进经验的文章。先后介绍过胡愈之、范长江、刘尊棋等等许多名记者的事迹,传达过我学习斯诺、斯特朗等外国名记者的心得。我还为几位前辈记者编了纪念文集,集中反映了他们工作和为人的经历。

我写过一本《胡愈之传》,比较全面地介绍了这位文化巨人的生平。当人民日报出版社有意出版《中外名记者丛书》时,我为它提供了评论胡愈之和刘尊棋的两本书稿。

□ 1978 年 10 月返京前，于友和佳木斯市图书馆同事们合影

1998 年中国人民大学新闻研究所纪念名报人成舍我诞辰 100 周年，举办成舍我研讨会，我参与了研讨。我是会上唯一 60 年前和成一起工作过的老报人。我讲了些成在上海办《立报》的成功经验。

在新时期，我还做了些翻译工作，出版了《华盛顿丑闻》、《摩托罗拉的创业者》等有助于认识美国的书。

有的朋友夸我"一年出一本书"。其实，那只是有数几年，有些书还是别人写的，我只做了点编辑工作。要说我有什么可以告慰于朋友的，那只是：我不愿虚度非常难得的晚年。

我今年 82 岁，刚过的 20 年大多是我的古稀之年，虽无病痛，但眼力减退,为了珍惜并答谢共和国进入了尊重知识的年代,我能安度晚年,并老有所为,我连续干了些我偏爱的工作。

遗憾的是:夕阳无限好,可惜近黄昏。晚年工作的质量肯定不如以前。

20年间,我最重要的体会是:要维护20年前拨乱反正的成果,维护“解放思想、实事求是”带来的好局面,千万不要让教条主义和历史唯心主义的思潮卷土重来。

一切一切,还得朝前看,我将勉力工作下去,迎接新世纪的到来。

(原载上海老新闻工作者协会1999年所编《我们的脚印》第三辑)

暮年工作规约

2011年,我95岁,深感人到暮年时间非常宝贵,为了继续老有所为,力争自己有限的工作适应国家改革开放大方向,提高自己的工作效益,打算订个文字工作规约。

早在1979年,我63岁从东北边疆返回北京的时候,我就想着"老有所为"、"老当益壮"一类不服老的格言,决心找回我被流放的20年,重新干些我熟悉的新闻工作。我有幸已在英文《中国日报》干了五年,以后自己找了些工作做,主要是写稿和编书。到本世纪初,我终于实现了这个心愿:那时我写过一篇短文《找回了20年》,强调了必须反对历史唯心主义和教条主义的反"左"教训,这篇文稿被刊登在上海老年记者协会的年刊《我们的脚印》上,我备受鼓舞。

这几年我身体依然健康,头脑也还清醒;每天读书看报,坚持思考,常常有一些心得体会,其中有些还有点新意,可供交流切磋;于是几年间我坚持习惯,写作了一些文稿,投寄给适合的报刊,常常获得公开发表,又受到了不少难得的鼓励。

今年,我终于觉得自己虽然年迈,还能继续写作,有所报道,继续利用我当记者的功能;最近更有感于105岁的周有光老师还在不断发表科学宏论,为大众启蒙,我有了拟定一个规约的打算,希望借此加强责任心,不断改进自己的写作,保证文稿质量,少出缺点和错误;相信严格履行规约之后,自己就有可能取得新的锻炼,得到练笔的新长进。

我的这个文字工作规约共有10条:

1. 今后继续干业余的记者工作,自觉自愿地写作。

2. 限于水平,不勉强去写长篇理论文章和文艺作品,只写些时评、随感、笔记一类杂文,反映自己在读书、看报、看电视以及接触社会中所得的新感悟,报道新发现。

3. 1979年,"文化巨人"胡愈之老师提倡"要群言堂,不要一言堂",他主张:改革开放年代文化工作要"宣传民主,发扬法治,普及科学文化知识"。我相信这是当今文化工作一条比较明确的主旋律。

4. 贯彻已故名记者范长江的遗教:学习前辈邹韬奋老师,坚持真理,说真话,反对贾桂那种奴才思想。范、邹两人的共同特点,就是真实反映人民群众的呼声。

5. 要记住刚去世的理论家谢韬的一句名言:"历史最大的说服力是历史的真实。"写历史和往事必须力求真实,在"求真务实"上下功夫;要明确"求真"是要有所反思,记取教训;"务实"的向后看是为了向前看。

6. 向作家老舍学习,写文稿保持通俗,保持健康文风,以利于接近群众,决不哗众取宠,也不趋炎附势。

7. 文坛有位专家说过:"具体产生生动,抽象产生枯燥";应该尽可能让文稿内容有一些具体的叙述，也有一些抽象的议论；相信把叙述和议论结合好，把材料和观点结合好，才能有较大的说服力。名教授于丹说过一句话，“故事永远比道理容易传播”，值得参考。

8. 为了自己的思想认识的与时俱进，必须坚持不断学习，学好科学的世界观，做到独立思考，认清形势，避免观察和了解时发生偏差，避免表达时信口开河。

9. 文稿写完以后，一定虚心检查几遍，消除缺点错误，也要剔除那些空话、大话以及所有不够平易近人的语言。

10. 文稿争取在公正开明的报刊上发表，也可以不图公开发表，只供在亲友间传阅，或放进写字桌的抽屉里，自己再反复琢磨。

我这次试订的规约可能不够完善，还有不足和缺点，准备向亲友们公开，请他们给以批评和提示建议。相信赞同老人有所作为的亲友，都会帮助我实行写作规约的。

第三篇

我的翻译经历

我做翻译的年月

在我的新闻工作生涯中，有相当长的一段时间从事新闻翻译工作，主要是把英文译成中文，也译过俄文。我不是外语学院的毕业生，我只是30年代湖州一家中学的毕业生，英语学的并不很多。俄语是解放后自学的。由于工作需要，我在工作中学习，终于干了一段时间的翻译，还译了一批书。我已在1989年离休，但还干一些新闻翻译工作。

我有个体会：学好外语，对新闻工作者很有帮助。这回，我就谈谈我从事新闻翻译的经历。

1912年，抗日战争比较艰苦的年代，我在湖南衡阳的《大刚报》工作，我的职务是为报纸撰写时事评论。当时太平洋战争已经开始，抗战的形势和世界大战的形势紧密地结合在一起，报纸的读者非常关心欧洲和太平洋的战局，需要多多了解国外的消息。《大刚报》自己聘请了报务员，抄收外国通讯社的英文电讯。报社当时请不到专门的译电员，于是我就大胆自荐，开始翻译外电。那时名记者、军事评论家羊枣担任《大刚报》的总编辑，他擅长英文翻译，我就在他的辅导下学习。这段时间虽然不长，但它是我终于走上了新闻翻译的道路的开始。

以后,我一度在重庆美国大使馆新闻处中文部工作,名记者刘尊棋担任中文部的主任,还有许多英文新闻翻译人员和我在一起工作。当时美国是中国的盟国,一起从事反对法西斯轴心的正义战争。中文部翻译了许多鼓舞我国军民坚持抗战的新闻报道。这几年我的翻译能力得到了较快的提高。刘尊棋同志1943年翻译美国政治活动家威尔基的名著《天下一家》时,我被邀帮他赶译了其中最后一章。这本书曾盛销一时。我从此取得了译书的经验。

抗战胜利以后,美国开始干涉中国内政,扶蒋反共,我和一些进步朋友开始翻译揭露美国的纪实作品,先后出版了《反苏大阴谋》《一千个美国人——美国真正的统治者》《美国内幕》等中文译本。

新中国成立以后,美国仍然敌视中国人民,我在《光明日报》工作之余翻译了《华尔街——美国大独裁者》《美国外交官真相》《美国的法西斯政治》《美国报业剖视》《美帝报业真相》等外国新闻记者的纪实著作。其中一部分是从俄文翻译的。

上述这些著作的翻译,对我了解国际问题有过帮助,同时译本的出版,对于关心时事的读者也有过一些帮助。

翻译了上述这些关于美国的著作以后,我被同业们认为是一个熟悉美国的翻译工作者。于是到80年代和90年代,我应约又翻译了两本关于美国的书:

一本是1988年由光明日报出版社出版的《华盛顿丑闻》,作者是美国记者唐纳德·拉姆勃洛。它反映了美国官场营私舞弊、贪污腐败、陷害忠良的种种丑闻,垄断资本政府里的官僚都千方百计地在吞食人民创造的大量财富。这本书销了13000册。它的销路超过了我以往翻译的所有的书。

另一本是1994年9月由人民日报出版社出版的《摩托罗拉的创业者——保罗·高尔文的一生》,作者是哈里·马克·佩特拉斯基。这本书1995年9月由出版社再版了一次。1996年秋开始在《科技日报》上连载,至今还在刊登。这是因为摩托罗拉的创业者高尔文在科研方面和产品经营方面的成就相当出色,令人注目。“科技是第一生产力”,这本译作能对我国科技事业的发展有所帮助,我很高兴。

另外1986年,我还负责校阅了朋友们翻译的书《传播媒介的垄断》。这本书的作者本·巴格迪坎是美国的一个评论家,他在这本书里以最近25年来大量的惊人材料,揭露了美国50家大公司控制着美国舆论的真相。这本书告诉读者:美国的“新闻自由”,那只是大公司控制信息和思想的自由!这本书的中译本由新华出版社出版。新华出版社出版关于新闻学的书最多。

我在1989年离休以后,仍然渴望利用余热,干些力所能及的工作。事情很巧,北京有张报纸需要从英文报刊上翻译一些新的信息。于是尽管我已经度过了80岁的生日,我还在博览英文时事报刊,干一点新闻翻译的工作,每周提供一篇译稿。我庆幸,我晚年的生活并不枯燥。

1988年中国对外翻译出版公司出了一本《中国翻译家辞典》,它和同年代不少以营利为目的的“名人辞典”不同,认真地选择了古代和当代的一批翻译工作者,其中就有我们新闻界的同业邹韬奋、胡愈之、刘尊棋、姜椿芳、孙源、杨潮(羊枣)、张彦、郑森禹等等;我也有幸忝列在内;但是按我的看法,新闻界还有不少有成就的翻译工作者被疏漏了。

我的经历很杂,实在说不上是什么专家。要问我有什么翻译工作的体会吗?我只想说两句话,一是“天下无难事,只怕有心人”,二是“实践出真知”。

(本文写于1997年2月17日,原载1997年4月《新闻实践》杂志)

向陈翰笙教授请教

1987 年 5 月 21 日下午 2 时,我按照预先约定的时间去访问陈翰笙教授。多年来他一直住在北京东华门附近胡同中一个破旧的四合院里,搬进木樨地的“高干楼”还是不久以前的事。他的新居我是第一次来。

开门的就是陈翰老,他早已在等候我了。

“翰老,你休息好了吗?”我问。

“休息好了。中午我照例休息一小时。”

翰老引我到他那间办公的书房。这里的陈设非常简朴,连一只沙发也没有。房间两边都是书柜。房间中间放置着一张古老的中式书桌。我在书桌一边的硬木椅子上坐下来,就看到对面书柜玻璃门上贴着世界历史研究所的办公时间表:“上午 8:30 至 11:30,下午 1:30 至 4:30。”

翰老虽然年已九十一,却还担任着世界史所的名誉所长。他实际上并不负担什么具体工作,但是,看来他还保持着按工作日生活的习惯。

来访之前,我就知道他很忙。这几年他没少参加社会活动,写了不少文章,在家里还教着一批青年学英语。他同意我来求教是通过电话商定的,正好这天下午他没有别的安排。

“书本带来了吗?”他在我对面一坐下来就问我。

“带来了。”我从手提包里取出了一本英文书《华盛顿——丑闻之城》。

翰老是抗战时期国际新闻社的负责人之一,是通讯社在香港出版的英文通讯《远东公报》的主编。这回,我在休息时间译完了上面说的那本书,有一些美国的新词和习惯语吃不准,特来向翰老请教。

我早已把书上18处疑问抄了表,注明了原书的页码。我开始提出疑问,把书递给他。

“我看不见,请你念出来。把有关的句子一起念。”他说。

我这才记起了翰老视力不佳。他患白内障和青光眼,有时还自我嘲弄说:“我可是一清二白的。”说的就是他患了双重的眼病。

他的英语听力很强,对我18个疑问逐一作了解答。绝大部分我可以写出读者能理解的汉语了。个别的词实在太新,翰老也感到陌生,他从书柜里找出他的字典,要我查看适当的解释,由他来捉摸。

他有时还问我:“我看这样解释行,你说呢?”

“翰老,行。”我没有什么异议。

谈完了18个疑问,已将近两小时,可是他还不准备结束。他把我一周前约请他写纪念胡愈之文章的信从抽屉里取出来,他说:“纪念胡愈老的文章应该写,他是很值得怀念的人。他待人宽,责己严。他生前一直在默默地工作。”

他一面说,一面取来一张纸,那是一张一面已经印着油印材料的纸,他要我在白的一面作记录,说:“我说,你记。请你尽早设法写成文章。”

“好。”我表示愿意遵命照办,我很想听听翰老心目中的胡愈老究竟是怎样一个高大的形象。

他又花了整整一个小时,告诉我他同胡愈老的往来。我在他给我的纸上扼要地记录着,写下了不少他的原话:

“早在胡愈老编《东方杂志》时,我就向他投过稿……

“1940 年胡老到香港,专门为国新社办英文通讯稿来找我,他认为我熟悉外事,有不少新闻界的外国朋友,要我主编。他对我很信任,安排了一个办事员给我做帮手。办事员只管印刷和邮寄……

“解放后,我们开始一起在北京共事,主要是搞人民外交活动,我们都是中国人民外交学会的领导成员,后来曾先后担任亚非学会的会长……

“抗战时期,我搞过‘工合’运动,胡老对‘工合’也很热心,他认为这一种劳动者共同生产的组织,解放后也可以试搞,在政协里他提过建议……

“我们都关心面向海外的新闻报道,担任了中国新闻社的理事,一起开过理事会,给中新社当过参谋……”

翰老在回忆这些往事时都重复说:“胡老一心为公,不谋私利。”还说,“你写稿时,一定要突出胡老这个重要的特点。他是鲁迅的学生,也是鲁迅提倡的孺子牛。很可惜,他先我去世了……”

我看了一下手表，时针已指在5点上。翰老谈兴还浓，他怀念志同道合的老战友，动了感情。可是我觉得实在不能太劳累老教授了。我站起来向他表示感谢，道了别。

这天晚上，我把译稿上遗留的地方一个个补译好，然后还把陈翰老所谈胡愈之的往事写成了2000多字的草稿。这天晚间我压根儿没看电视，也没有早睡觉，因为陈翰老下午同我谈的话，给了我很多启示，其中之一就是老当益壮。

（本文写于1987年5月25日）

（本文后面选用了几篇我1946—1948年间在上海工作时发表的译文，留供参考）

毛泽东论纸老虎

斯特朗 Anna L. Strong 作

译自“美亚”杂志 1947 年四月号

毛泽东是亚洲著名领袖之一,也是吸引我访问延安的主要因素。他有十九年的功夫生活在“被封锁的”环境中。其中有一半时间系在南方产米区,江西省的中国苏维埃区,有一半时间是在中国西北荒凉的山地里。十九年间他一直被蒋介石的兵舍包围着,有时又被日本的军队所包围。但是就在这种被隔绝的情况下,毛泽东观测并策划中国的前途,深深地影响着亚洲以至于世界的未来。

毛氏在以延安为首府的边区政府内并不担任任何官职。他的职位是中国共产党主席。中共在过去内战与抗日战争的十九年中生生不息,现在已增加至两百万名党员。他同时也是一位哲学家与一种政治制度的先知。这一种政府现在在东北华北辖地七十万方哩,拥有人民一万三千五百万,这区域约等于美国密西西比河以东的区域,其人口约等于整个美国。

这种政治制度名为“新民主”,实施新民主的地区就叫“解放区”。但毛泽东之名远闻于解放区外。在前几年蒋介石避暑的四川峨眉山,某晚我的一位美籍友人与几个农民在一起过夜。他们知道他可以信任的时候就说:“只等时机成熟。我们已有充分准备。我们都知道在朱毛底下日子要好过得多哩。”

毛泽东这位民选乡政府的领袖,这位推行广及十几省的土地改革的鼓动着,这位蒋介石没有美国援助休想攻击的大军的指导者,就生活在中国西北的山区,土地贫瘠的落后地方。这里是所谓边远之区,在中共到来以前,其穷困每每造成五六年一场“大饥荒”。今天就靠着持续的劳动,改进灌溉,并推行军政官员一体参加的“生产运动”才使这区域自给自足起来。

毛主席像延安其他人一样,住在窑洞里。他住的是山边台地所开相连的四个洞。同一个山边还有靠百个洞。

我们就坐在他洞门前平坦的土台上,远望着日落于荒漠的群山之间。我们坐处四周与下面都是毛的园地,其中长着高高的玉米,大而又红的番茄,此处还有些落花生,毛夫人就由这园地里采割了些菜,供作了我们这顿津津有味的晚餐。毛的小女孩围绕在他膝前玩耍,然后爬上了他的膝盖,向外国客人探望,她的好奇心战胜了她的羞涩。我望到窑洞的上面,看到离我们五十尺的高处两家人家的孩子正在草丛后面窥着我这个有趣的外国女人在访问主席。

主席谈了一下内战,可是他宁愿畅谈世界政治。事实是他所希望的是让他向我访问。他要我尽量告诉他关于美国的事情,政治、经济、劳工运动等等。当我问起我可以为他帮什么忙时,他立刻说:“你能送我一些新的刊物与书籍吗?”这位被隔绝的领袖了解世局所靠的是来客,偶尔通过封锁的一些书籍,还有从窑洞里所装小的收音机上所听到的新闻。

我问道:"依你看,中国的政治问题要和平解决最近有什么可能没有?"

毛说:"这一点将由美国政府决定。如果美国人民能够拉回那些帮助蒋打内战的反动派的手,和平才有希望。"

"如果美国不再供给军火,你看蒋能打多久?"

毛答:"一年多。"(这话说在美国将大批过剩军用物资以成本四分之一的价钱卖给蒋以前)

由于上海的外国人士往往预言蒋政权太腐败不堪长期作战,因此我问道:"他能否支持到那么久?"毛说:"如果他要那样做是可能的。"这时我知道蒋的区域内许多人民已逐渐破产,但是支持蒋的官场将是最后一个破产。

"如果美国宣布不再支援呢? ……"

毛答道:"目前并没有蒋要在短期内停战的迹象。"

我问:"中共能支持多久呢?"

"……我们是被迫作战的,只要还有战事要打,我们会坚持打下去。"

"如果美国人问起中共为什么作战,我将怎样解释?"

"因为蒋的军队来杀戮中国和平的人民,他们为了求生,必须自卫。美国对这一点会明了的。"

"我听说你们的土地政策已有了些变更,这点是否确实?"因为抗战以前,中共实行过土地充公政策,没收地主的土地,分给耕地的农民。抗战时期,这政策修正了,以便与蒋介石政府建立联合政府，推行的是限租限息政策。据说现在这政策又改变了。

毛答道："是的，因为农民要求改变。他们要求实现孙中山先生的主张——耕者有其田。瓜分地主们的土地，这要求是合理的。我们把汉奸劣绅与中小地主区别对待，对前者严格，对后者和缓。可是我们注意到给所有地主以生计。要达到这目的方法不少，不过我们采行了这些方法。"

主席又谈到了美苏关系，把它们用桌上的茶杯与另外一些小酒杯来譬喻。他说按目前的观点看，美苏的战谣又是一种烟幕，美国的反动派吹起这种烟幕旨在掩盖美国反动派与人民、美国与资本主义世界其余各地间的矛盾。

他把大杯子放在桌一边，"你看，这里是美国反动派"，他又把一排白瓷的小酒杯在大杯四周围起来，"它的周围首先是美国的人民。"他把另一只茶杯放在桌子另一边，"这里是苏联。"

"在苏联与美国之间都是其他资本主义国家！"这些国家的象征是一大串大大小小的杯子。当毛氏一面放杯子时，一面大笑，同时在这边中间又放上了一些火柴与香烟匣。

"现在你看，美国反动派怎么能和苏联作战呢？首先它必想攻击美国人民。美国反动派现在已经在向美国人民进攻。他们在政治上经济上压迫美国工人与民主派。

"美国反动派为了鼓动战争，对美国人民势将加紧进攻。他们将把法西斯主义搬到美国来。美国人民一定会反抗反动派，我相信他们一定会起来。

"现在我们假定反动派制服了美国人民。其次还有全世界其他的资本主义国家。美国的大资本家是用反苏作为借口，把其余的资本主义国家归由美国控制。美国反动派的诡计与日本帝国主义的非常之像。他们在中国利用相同的借口,已掩蔽它向中国人民的进攻。

“现在美国在太平洋上的控制圈已大于当年英国的势力范围。美国控制着日本、中国、半个朝鲜与南太平洋,它早已控制了中南美,正想控制不列颠帝国与西欧。这做法自然是这些国家以及它们人民中的广大群众所不欢迎的。

“美国反动派这些家伙说,美国在世界各地所设与拟设的海空军根据地都是为了反苏。不错,它们可以用来反苏。但是在目前首先受到它们压迫的不是苏联人民而是所有其他资本主义国家的人民。

“美国利用它的金融资本控制美国和其他资本主义国家。它用商业来压迫所有资本主义国家的经济组织。

“不久英国会知道究竟谁在压迫它。究竟是苏联还是美国?英国首相贝文联美反苏的政策将遭受英国人民的反对。美国反动派有一天会发现全世界的人民都在反对它。”

我问道:“你说美苏战争的说法是种烟幕。你是否说这样的战争不会发生?”

他反驳说:“我并不是说美国的反动派不要攻击苏联。他们要。他们梦想扫荡整个社会主义国家。美国反动派想统治整个世界,包括苏联在内。苏联是阻止它实现征服世界企图的有力因素。这也就是美国反动派最恨苏联的原因。但是这时候第二次世界大战结束还没有多久,他们又如此强调美苏战事,并形成一种战争空气,人民势必会怀疑他们的用意。人人知道如果美国要向苏联发动战争,它一定要通过英法中三国去攻打。这也就是说,美国反动派首先在制服这些国家,使它们变成附庸或美国的殖民地。”

“在这种情形之下,这些国家的人民甘心等待被征服吗?自然不会的。他们会起来抵抗。我认为在美国帝国主义之下,美国人民应联合所有其他资本主义国家的人民反对美国帝国主义以及在各该国内部美帝国主义走狗的进攻。具有这种斗争的胜利才能防止第三次世界大战。否则第三次世界大战不可避免。”

毛不带丝毫说教口吻而喜欢讨论,他笑道:“你觉得我的理论怎样?”

我答道:“原子弹怎么样?美国能从冰岛、大琉球岛与中国炸毁苏联任何一个城市吗?”

毛说:“原子弹是一只纸老虎。……看相可怕,而实在并不可怕。放远眼光来看。真正的力量不在于发动派而在于人民。”

毛对于我是否明了纸老虎一词表示关切。担任我们谈话时翻译的陆定一最先译作“稻草人”(Scare crow)。毛打断了他的话,要知道他什么要稻草人作译名。他说纸老虎是一种看相凶狠的动物,它吓的不是麻雀而是人,但是它本身是纸糊的。毛在我们决定不用“稻草人”而用“纸老虎”(Papeı Tiger)作译名之后,在谈话中一再使用 Paper Tiger,一面对自己的英文读音失声而笑。他说:“所有反动派都是纸老虎……在一九一七年二月革命以前的俄国谁拥有真正的力量?表面上看来是沙皇有力量。但是这叫什么力量?二月革命爆发沙皇就一下子垮台。最后的力量属诸于工农兵的苏维埃。沙皇不过是一只纸老虎!”

"人们以前不都认为希特勒很有力量吗？但是历史告诉我们他不过是一只纸老虎。墨索里尼的情形也一样，日本帝国主义者也一样。……"

我们讨论到各种"纸老虎"，毛说到每一只纸老虎都用上了英文，一面又高声大笑。他说："蒋介石——Paper Tiger。"我插嘴说："请等一等。请你记得我是一位新闻记者，我是否可以在报纸上写出来毛主席说蒋是一只纸老虎？"毛笑道："不要光说这一点，你必须报道全部讨论。如果蒋拥护人民的利益，他是铁。他如果背弃人民并对人民发动战争，他就是纸老虎。蒋历来的作为确实是后者。"

"美国反动派也是纸老虎。人们似乎都以为他们非常强大。中国的反动分子会利用美国发动派的这种'力量'来恐吓中国人。事实上它们正像历史上所有反动势力一样，事实将证明他们并没有持久的力量。具有持久而强大的力量的是美国人民。"

"世界各国的共产党都是有力量的。我们中共只有小米加步枪。但是事实最后会证明小米加步枪比蒋介石的飞机加大炮强。既然我们中共与中国人民遭受着许多困难，虽然我们中共与中国人民在美国扩张主义者与中国反动派联合进攻之下，还会遭受长久的痛苦，可是最后所有反动派将被击败而我们当能获胜。这是因为反动派代表的只是反动，而我们代表着进步。"

当我们谈话时，夜色渐浓，于是我们由土台迁移到室内，因为在延安荒漠的山地，即使是夏夜也颇有寒意，他们预备了蜡烛，因为毛泽东虽然每每熬夜工作，他住的地方仍没有装置电灯。我在烛光中看到刷白的弧形天顶以及地上的石板。我们一边喝茶，一边谈，一直谈到毛夫人在隔壁洞内把小女孩哄得睡着为止。

以后毛主席夫妇陪我我走下山冈，一盏洋油灯照着风中不平的路。我们走到大路时，路依然崎岖不平，路上已有一辆卡车在等我。我们相互道了声再会。当我的卡车沿坡下行驶向延水边不平的道路时，他们还站在山坡上望着。在延安荒野而墨黑的山地里星星的光照耀得异常明亮。

（原载一九四七年五月三十日《群言丛刊》）

美国人民的希望与信仰

让我们来看一看美国。这里一万四千万人民享受着世界上最高的生活水准，这里土地的丰饶，足以再多容几百万人，仍不至于饥饿与拥挤。但是战事虽已打赢，无数美国人仍未获得工作而安定下来。

凯旋归来的战士们得不到家屋。要得好职业也难同登天，有些美国人只因为他们是黑人或并非生于美国，或属于信徒颇少的宗教谋不到职业，这里还有些煽动家向无知的人们说教，说美国有一种纯粹的种族，其他的种族一定要向这一个神奇的主人种族低首服从。

但是我们并不沮丧消极。我们的战士打赢过几近绝望的战役。他们会在距离祖国几千里以外，以出人意外的速度建立登陆的战场。他们把石质的海岸筑成盟方船只安然停泊的海港，一九四一年后勘察团探测中印公路有无兴筑的可能，专家们认为这是一桩不可能的事情。但是美国先驱者的子弟，包括白人黑人，基督教徒与犹太教徒，终于在丛山峻岭间逐渐撑开一条大路，他们越过无数丛生林木的山岭，满布病菌的沼泽，他们与虎豹，野人以及日军作战，终于筑成了雷多公路。在我们战士心目之中,他们什么都可能做得到,就是失败不可能。同时在国内生产战线上的人们也只觉得天下无难事,只怕有心人。这些美国人在战时为了工作曾每天往返于二十哩或更长的路上,建造过二百五十万辆军车,六十万架飞机,九万辆坦克,四百五十万支机枪,一千二百万支步枪。作战中每个美国人都有他一份,因此胜利的成果应该由每一个美国人分而享之。

凡是美国的人民,不论是平民,或是战士,只要他遭遇过这次大战可怕的挑衅,都会相信任何有建设性的平时工作都可以如愿完成。他们正渴望并准备完成圣劳伦斯水道,米苏里水利工程以及于一个真正的充分就业法案,他们相信世界和平有可能,并认为说"美苏必战"的人们是大逆不道。美国人民希望国际共管原子弹,以促进和平,他们希望在政府严密管制之下,迅速实现原子能的使用,因而开创一个丰饶的时代。我们在新时代内应该有一个信念,在这新时代里原子能不为人类的毁灭只为人类的福利而运用。

造成战时奇迹的美国人民都知道,我们能解决房荒,防止沃土冲毁,在原子时代内不断获有发展的机会,而且不论基督徒天主教徒与犹太教徒,不论是土生或外国生的黑人与白人都能互相平等对待与和平相处。

我们虽已有了个开端,但进步还不够大或不够快。我们并没有实现充分就业,使人人常年得到薪酬。房屋问题的处理也只刚开头。在许多城市里合适的居室四周都包围着陋巷。我们要使芝加哥的威尔斯公寓与底特律的真理公寓作成其余各地的模范,因而好的住宅能与好的公民共存共荣。

一国的财富发端于土地。援救土地的斗争还只刚才开始。虽然几千亩土地的土壤业已不再被冲毁,但我们必须致力于保存全美国宝贵的土壤。任何人如任令他的土地变坏,是对他的子孙以及国家犯了大罪。我们如能保护土地,也就保护了生于斯处的人民,并保障了国家的经济。

每一个农民希望拥有他自己的土地。过去密苏里与阿尔巴马州政府当局曾以土地售与白种与黑种人家,这不过是一个开始,还有许多农民应获得以公道价钱购得土地的机会。

每一个公民都重视他选举的权利,对于他们这种自由不应加以人头税或其他人为的限制。一个人的权利不应按肤色、出生地或他所信奉的宗教的名称来决定。

有许多找工作的黑人曾经而且至今仍旧因为他们是黑人的原因被排挤。这事情不仅是不公平而且也危害着一国的商业。我们需要罗斯福总统曾一度设立的"公平就业推行委员会。"这委员会在数百城市发生过作用。这个"公平就业推行委员会"必须使它永久存在,就业如果不能公平也就决不能做到充分。此刻反对第三次世界大战的策划者的斗争正在进行。同时反对顽固、压迫与仇恨的斗争也该是我们的斗争。一定要到全美人民都获得教育,足够的食粮与医药,良好的家屋;我们子女的土地比诺我们的肥沃;种族暴动成为过去的丑闻任何人要工作有工作;任何人都被当作人来对待,而他能骄傲地说:"我是一个犹太人,(或者我是一个黑人,或我是一个天主教徒)。我同时也是个美国人。而且除此以外,我是生活于自由世界的自由美国人",目的才算达到,斗争才算胜利。

斥杜鲁门主义

1948年三月二十一日晚，美国公民政治促进会等进步派人士在纽约麦迪逊广场举行反对杜鲁门援助希腊和土耳其主张的演讲大会，华莱士为该会主要演讲者之一，其余为小罗斯福、金敦、夏普莱等，情况异常热烈，本文为四月一日纽约《下午报》所刊记事的特写与华氏演词要点：

亨利华莱士昨晚公开抨击说：杜鲁门政府为了中东石油正领导美国走向对苏战争。

当华莱士昨晚步上麦迪逊广场中央的演讲台时，全场两万多人，给了他一个历久的热烈欢呼。

主席华许博士向听众介绍时说："华莱士是富兰克林·罗斯福的精神与真理的承继人。"

当水银灯照耀全场时，华莱士对两万人频频挥手，于是"我们拥护华莱士""华莱士当大总统"的喊声四起。

这位前任美国副总统与商务部长，现任《新共和》杂志编辑当众抨击说：

"美国现正在破坏联合国，其情形正同希特勒时代若干国家的破坏国联。”

“杜鲁门以财力军火援助希土的计划势将造成全世界与美国敌对。……而且它将造成美国人互相敌对。……杜鲁门主义的后果是招来国外仇恨与暴行,国内仇恨与恐惧。”

华莱士的演词同时由美国广播公司的广播网向全国广播。与会的其他演讲者是小罗斯福、考尔文、金敦、达维逊与夏普莱等。

小罗斯福说,他相信美国的前途将寄托于一九四八年大选前民主党的再生,共产主义的流行“不是因苏联采取了什么行动”,而是因为美国“不求进步”的政策。

他又说杜鲁门政府已经破坏了一九四三年与这时以后罗斯福、丘吉尔与斯大林历次会议所协议的世界和平的原则;杜鲁门政府已背弃了罗斯福所对中国、荷印、越南以及其他问题的政策。

据小罗说,罗斯福、邱吉尔和斯大林为持久世界和平所奠基石是联合国,同时他们相信除非五强有世界性的合作,联合国也将像国联一样崩溃。他们会决议促进这种合作,并决议供给一支为所有联合国的世界警备部队。

小罗说:“今天我们的政府首脑已以他们的行动破坏了联合国的将来……他们推行的分明是天下两家对立的政策要求世界各国与我们站起队伍来,一致反对共产主义。”

据小罗说:“美国关心中东,是因为扩展若干石油公司在该处的产权。毫无问题的,美国政府目前对于国际问题的考虑主要就为协助美国大企业在世界扩展。”

夏普莱是协助发明原子弹的哈佛大学的科学家,他也以同样的热情发表了演说。他当众用责问杜鲁门的口气说：

“如果你说是为了油田，为什么提到希腊？为什么提到土耳其？你实在是在牺牲大多数人的血，去满足少数人商业上的贪欲。”

夏普莱大斥政府内所行“忠诚”检举，他要求国会对所谓“危险的反对者”“颠覆政府”的思想加以调查。他说“忠诚”检举代表着一种思想，即“漠视人权，使自由与批评的思想与言论陷于危险”。

考尔文是一位广播评论作家，他认为美国的外交政策是“挑拨性的”，“杜鲁门所建议的片面行动与美国的世界警察的思想”实在是世界和平的危险。

华莱士全部演说的要点是这样的：

“杜鲁门主义危害着和平……和平要求美国人反对这种思想，重申对一个坚强的联合国的信念。

世界是在饥饿中。世界是在恐惧中。世界在呼吁，它呼吁的不是一支以仇恨与恐惧共产主义为名的美国十字军，而是呼吁着一支以全人类相亲相爱的世界十字军。

美国全部的历史是实践这个理想的……可是现在我们到了自由之路的十字路口。今天美国已经有了误入歧途的危险。

杜鲁门总统借危机之名要求美国去协助希腊与土耳其的政府……忽视联合国的世界论坛，他要美国自任检察官、法官、陪审官——与执行官！

总统有了危机的借口，就不顾事实，不问时间，歇斯底里起来。他要求国会立刻作下决定，真好像大军业已开动似的。我可没有听到大军的步伐声,只听到举世要求和平的声音。

十九天以前总统告诉国会说,希腊的人民遭受饥饿,需要我们援助。难道这点对于总统是新闻吗?难道对向他建议的国务院是新闻?政府内每一个负责的人员都知道大战结束,希腊已满目凄凉,而饥饿的情势已非常严重,同时饥饿,穷困与破坏也侵害着波兰、意大利、南斯拉夫、乌克兰与白俄罗斯……

一处的饥饿患害着各处的丰富。而一处的进步帮助着各处的进步。协助世界的行动必然同时协助美国。而我这里所说的行动决非杜鲁门所建议的行动。……

此刻为了其他的目的,一个民族迫切的需求已被利用,而美国人的慷慨也被利用了。事实是杜鲁门与他的共和党帮凶最关心的并非希腊人民食量的需要,而是美国海军石油的需要;而抑止共产主义却在其次。……

美国的油产很丰富,但是你要想到它还要供给遍布世界各处的巨大海空军的油。当英国与我们争这种资源时,我们的友谊解决了争执。可是苏联与我们竞争石油时,我们就认为火烧眉毛,而想到上帝赐予了原子弹。为什么?

列强,包括美苏在内,对于油的竞争发生在共产党进克里姆林宫以前。共产主义的穷的问题决不能擂仇恨的鼓来解决,而要靠全世界的发展计划才行。

目前的紧张我并不单单责备美国,当苏联有错时,我一样要批判。但是现在我要说我们与苏联之间的争端正是两个强大与主权国家间的平常争端,可以按通常的办法予以解决。

至于苏联可能使用否决权一点,我们也决不能用以作为抛开了联合国的理由，这样的不合理正同一个常人因为怕决定他权利的法庭审判不公，否定法律的存在一样。……

如果还说我们是在合作中解决问题那真是无耻的流言。英美已瓜分了中东的油。……我们在雅尔达会议中曾慎重协议土耳其对达达尼尔海峡的控制应该放松，办法是在胜利以后共同商量。以后在波茨坦，我们又重申这一个协议。但是和平已经十八个月了，什么步骤也没有采行。

在联合国大会席上，参议员范登堡与康纳利说，对于解放西班牙人民无能为力。因为联合国无权干涉一国的内政。请问就是这些美国人凭什么权力去单独干涉希腊与土耳其的内政？

政府及其共和党支持者辩解说，我们必须单独顾问，因为联合国还软弱的不能有所作为。……我可记得达拉第与张伯伦当年破坏反希特勒的世界团结，也是借口说国联太软弱了。……全世界的人们应不令联合国重蹈国联的覆辙，不令联合国像国联一般遭受破坏！……

世界和平只有一个希望——联合国！……

我们与要求联合国推行一个新的计划，救济国土被大战所蹂躏而现在仍需要救济的国家。我们认为，为了这事情，美国一定要出钱。……

我们要求联合国处理安全问题不要枝枝节节去干，而要按全世界的范围通盘处理。办法是达达尼尔、苏伊士运河与巴拿马运河的国际共管，世界普遍裁军，原子能国际共管，坚持防止侵略的保证，同时确立和平变革的适当规划。

此刻联合国所要的事情，我们要帮它做起来。

如果联合国没有经验,我们去帮助它试验!

如果联合国缺乏援助,我们援助它!

如果联合国软弱,我们增强它!

如果我们不这样做的话,联合国将倒闭而人类的希望也归于破灭。杜鲁门无条件援助反苏政府的计划迟早会使全世界联合起来,反对美国,而美国也陷于分裂,美国人互相敌对。……

国外流行仇恨与暴行,国内充满仇恨与恐惧,这将是杜鲁门主义的后果。联合国可召致和平。这点我们已经认识,而且也必须确认。世界期待着美国人民。

美国各党各派,各种信仰的人们此刻必须异口同声唤出一种大呼声,维护和平自由。

美国是我们的,因为我们爱美国,要美国在一个和平自由的世界内和平自由,我们要高呼:

粉碎帝国主义的冒险企图!

支援联合国!

以亿万元援助饥饿者!

决不以一分钱去武装专制独裁!

打倒容忍与顽固的思想!

恢复我们先贤们的信仰!”

(译自1948年四月一日美国《下午报》)

斯大林访问记

一九四六年十二月二十一日夜,我在克里姆林宫斯大林的办公室内会见了他。这天正好是他六十七岁生辰。当时在场的有著名的苏联译员巴符洛夫与我的妻子费伊默逊。巴符洛夫操英语犹同我们美国人一样。

当我们走进那间大而陈设简单的房间时,斯大林张开了手臂向我们迎过来,巴符洛夫和我们一起进入,他立刻开始翻译斯大林的话语。

斯大林说:“我记得你,我很清楚地记得你。”

当他被介绍给我和我的妻子时,他点头而笑,并示意我们在他办公室边那张奇长的桌子旁边坐下。

斯大林并不坐在长桌的头端。他让巴符洛夫享有这点尊荣。斯大林自己选了一张靠墙的椅子坐下,我和妻子就和他隔桌相对而坐。

他一坐下来就把他那双大而有力的手放在桌上,向我注目而说:

“你母亲去年春天就打算来苏访问,为什么没有成行?”

我解释说她因为是出席联合国的代表，职务绕身，因此打消了预定的旅行。接着他问道：

“她现在还打算来访问一次吗？”

我说，我确信她渴望一俟有抽身的机会尽早赴苏一行，我知道她很希望对你们的国家能有更多的了解。

他点头表示满意说：

“我们将热烈欢迎她。”

大元帅接着问我们对于来到苏联后感到怎样，我们约略地说了一说我们游历的经过，我们告诉他我们已在他出生的乔治亚共和国游览过，我们还表演了一下我们学到的几个乔治亚文字。他不禁莞尔而笑，颇感兴趣。接着他问我的妹妹安娜近况如何？现在在那里？他说他曾在雅尔达与父亲会晤时和她见过面。我告诉他，她近况甚佳，她和她丈夫俩现在亚利桑那州凤凰城出版一张报纸。这时他说：

“我使你为了这次会见在莫斯科耽搁那么久，十分抱歉。我必须道歉，不过事实是我正好休假出行。我曾计划早些回来，但是我的医生嘱我减去体重大约九磅。这种事的困难出我想象之外，因此我不得不延缓归期，一直到履行了医生的嘱咐。”

他为迟归道歉以后，就设法使我们的谈话进入访问，他说：

“现在我可以为你服务了。”

我转向巴符洛夫问道：“如果我当场记录我们的谈话，不知大元帅是否介意？我希望这次访问能记得完全正确。”

巴符洛夫翻译了我的请求。斯大林略略颔首，说“请便”。

我又明白说，这次的访问记将由美国杂志《展望》发表，我希望它不致于在苏联或其他各地先期发表。他说：

“这是你的财产，别人得不到的。”

当我们继续谈话时，我就谨慎地记录每一个字。最初巴符洛夫译得太快，我几次要他重说一遍，以后他说得慢了一些，他的俄语用字审慎，字意明确，翻译也是恰如其分的。

下面就是按谈话时原来次序的问答，并无丝毫变动。

问题一：“你相信，像美国这样一种民主政体，和像苏联这样的一种共产主义的政体，共处在这个世界中，而任何一方没有企图干涉另一方的内政，这是可能的吗？”

斯大林：“是的，当然相信。这不但是可能的，而且由于贤明而可能实现的。在大战最紧张的时期，政体的差异也并未阻挠我们两国联合，以消灭我们共同的敌人。在和平时代要继续这种关系就更是可能的了。”

问题二：“你相信联合国的成就要看苏英美之间对于基本的政策与目标的协议而定吗？”

斯大林：“是的。我以为如此。作为一种机构的联合国的命运，在许多方面都要看这三个强国达成的和谐与融洽而定。”

问题三：“大元帅，你相信我们两国之间，为了制成品和原料交换而达成范围较大的一种经济协定，会成为走向世界和平的一个重要步骤吗？”

斯大林：“是的，我认为这将是建立世界和平的一个重要步骤。我当然同意。贸易的增长会在许多方面对我们两国之间的良好关系的发展有利。”

问题四：“苏联是否赞成联合国安全理事会立刻成立一种所

有联合国家组成的国际警察,以便于任何有武装冲突使和平受到威胁的地方就立刻出动干涉?”

斯大林:“当然赞成。”

问题五:“如果你相信原子弹应由联合国管制,那么联合国应不应该经用监督的方式,来管制任何性质的军备的一切研究机关与制造机关,管制和平时期原子能的运用与发展呢?”

(斯大林突然反问了一个机敏的问题:“就一般而言吗?”我说:“是的,不过特别是就苏联在原则上对这一种计划的协议而言。”)

斯大林:“当然相信,根据平等的原则,不应该为了苏联而作出例外来,苏联理应遵守与任何其他国家必须遵守的同样的监督与管制的规则。”

问题六:“你想,如果举行另一次三强会议以讨论目前使世界和平感受威胁的一切国际问题,这对于一种有益的目标会有贡献吗?”

斯大林:“我想,应该不止一次会议,而是几次会议。如果有好几次会议就会对于一种有益的目标有所贡献了。”

(说到这里,我的妻问他是否以为这样的会议对于各该政府的官员之间在较低的水准上达成较为亲密的关系会有帮助?她又问战时的会议是否已取得这样的结果?他向她微笑回答说:“那是没有问题的,战时的会议以及已取得的结果,对于在较低的水准上实行合作会大有帮助。”)

问题七:“先生,我知道你是对于其他各国中所存在着的许多其他政治问题与社会问题研究有素的一位学者。所以我要问:你是否觉得十一月间美国的选举显示出人民方面已对于已故罗新福的政策的信仰发生动摇,而倾向罗斯福的政治敌手们的孤立派政策了吗?”

斯大林:“我不怎么熟悉美国人民的国内生活。不过,我想那次选举显示出美国现政府在浪费故总统所创造的道义上与政治上的资本,因而使共和党人轻而易举地博得了胜利。”

(大元帅回答我的下一问题时,语气十分加重了。)

问题八:“自从罗斯福逝世以来,我们两国之间友好关系与谅解的减少,你认为应归罪于什么呢?”

斯大林:“我觉得,这个问题如果是指美苏两国人民之间的关系与谅解而言,就并没有发生什么恶化情形,正相反,关系已经增进了:至于两国政府间的关系是有过误解,发生过某种恶化情形,后来更发出许多叫嚣,说这种关系还要更加恶化下去呢。但是,就破坏和平或军事冲突的意味说,我看不出关于这一方面有什么可怕的地方。没有一个大国在目前能够驱使大军去对另一个同盟强国,对另一个大国打仗,即使它的政府很想这么干,也决不可能,因为在目前一个国家如没有人民参加就不可能打仗——而人民都不愿意打仗。他们都对战争厌倦了。而且没有大家可以理解的目标来替新战争辩解,人们将不知道为什么要打仗。因此,对于美国政府的一些代表们正谈论我们之间的关系恶化一节,我看不出有什么可怕的地方,关于所有这些考虑,我认为新战争的危险并不实在。”

问题九:“你赞成我们两国之间广泛交换文化的与科学的知识吗?而且你也赞成交换学生、艺术家、科学家与教授吗?”

斯大林:“当然赞成。”

问题十:“美苏应该制定一种共同的长期的对远东各民族人民的实行援助的政策吗?”

斯大林:“我觉得,如果这是可能的话,将是有用的。无论如何,我们的政府是准备在远东问题方面奉行一种与美国共同的政策。”

问题十一:“如果美苏之间商定一种借款与信用放款的制度,这类的协定会对美国经济永久有利吗?”

斯大林:“这类信用贷款的制度,当然对美苏两国互相有利。”

(于是我问了显然是与欧洲许多国家有关的一个问题。)

问题十二:“德境美英占领区没有贯彻肃清纳粹的工作,这一点便使苏联政府有重大理由表示惊愕了吗?”

斯大林:“不,这并不是表示重大惊愕的理由,不过,我们共同纲领的这一部分没有予以贯彻,苏联当然是不满意的。”

当我们在克里姆林宫作长时间访问时,我曾非常小心地注意斯大林的容貌与姿态。

我可以说的是他的健康良好。他面容被太阳晒黑了一些,比一九四三年十二月间,我伴同父亲在德黑兰看到他时消瘦了些。但是说他年纪六十有七,健壮得简直令人难信。

他的头发已比诸三年以前灰白与稀疏了。皮肤上已略显斑点,这是许多皮色较黑的人老时发生的现象。可是眼睛的神采不减当年,它们依旧和以前一样富于幽默的表情。

斯大林一支接一支地抽着香烟,都是那种四寸长的俄罗斯烟,其中一吋又四分之一是烟,其余的两吋又四分之三就是硬纸做的烟嘴,在香烟燃着之前,烟嘴须稍予扭捏。在谈的时候他两手交换持烟。他的一对手强大而结实,没有一点震颤的现象。

他说话的声音很平静,只在有时他对某一点要特别强调时才聋昔略为提高。他说话斩钉截铁,毫无犹豫,答话的速度适应巴符洛夫与我的要求,他的声音决非病弱者所能发出,而显然是一个明乎事理者的有力的表示。

当我问他问题二关于三强的协调这一点时,他把香烟在灰缸上敲敲烟灰,同时把答话说得非常小心而谨慎。

他回答到问题六关于另一次三巨头会议的合乎要求时,眼睛一瞬还有力地点了一下头。

当我的妻子插嘴问到按政府较低的官员能否促进合作时,他对她微笑并立即作答。

他说到苏美两国人民的关系业已进步,并且称新的战争并无原由时说得非常肯定。

斯大林穿着苏联陆军灰色的制服,在他那红金两色的肩章上有颗大元帅的金星,在外衣上只挂着一颗勋章,那是社会主义劳动英雄的大金章。

也许是由于他最近体重减轻的缘故,他外衣颈项的部分已略嫌宽松,因而露出了他衬衫上的白领。

我们会谈的那间办公室是一间长二十尺阔三十尺的长形房间。它给我一个印象是它简单得有些严肃,它和我父亲以前在白宫里的办公室正是一个强烈的对照,我父亲的房间充分地表现着他的个性以及他的爱好收集各种物件的兴趣。

在斯大林办公室的两端各有一只白瓷俄罗斯火炉。地毯与饰布色调都很中庸,家具都是式样完美的轻木器。墙上挂着大彼德、马克思、恩格斯、十八世纪第一支新式俄军的创立者苏瓦洛夫等的半身像。

办公室内还挂有两种列宁像。在整洁的办公桌那面壁上的是列宁在革命时期的大照片。在对面壁上是一个巨大而精致的雕像。

我们的谈话在下午九点开始,当结束时,我说:

“我感到我们已经占了你很多时间。我希望你不致因为我们耽得太久,感到不快,不致因为问题问得太多,感到不便。”

斯大林笑着答道:“一点也不。我明白了美国人所希望知道的是些什么问题。”

他又说前次会到我妹妹时也极为愉快。他把椅子向后推动,并说:“就是这些吗?我们谈完了吗?”

我向他谢谢招待的盛意,同时我们俩都祝贺他的生辰,祝福他长生不老。

说到这里,他起立,我们也站了起来,他绕着桌子过来和我们握手,并道“杜斯维达尼雅”(再会)。他并希望我们代向母亲与妹妹致意,我们转身与巴符洛夫走出我们原来进室的大门。

巴符洛夫后来在波斯克里皮契夫将军的办公室内稍留,波是斯大林多年的副官与秘书。我们走出了外室,巴追出来在大厅里向我们道别。

我们对巴符洛夫在访问时充当我们的翻译表示感谢,并说他已经显得有点疲倦了,他微笑,并承认稍稍有点疲乏。他是那天下午刚随莫洛托夫由纽约回来的。

三分钟以后，我们走出斯大林的住宅，搭车返回就在克里姆林墙外的国家大饭店。

在车上我才第一次发现，我有两小时没有抽烟了。在我这是一个新纪录。

第四篇

往事如昨

“国新社”创业史片断[①]

“国新社”的全称是国际新闻社，它存在于两次革命战争期间，它在抗日战争初期诞生，到解放战争结束时停止工作。它最初由中共南方局周恩来同志指示创办，要在国民党统治区按党的宣传方针开展新闻工作，并向国外侨胞进行宣传报道。当年国民党当局对我们党的一切活动都一直进行压制与摧残，因此“国新社”在各种艰苦困难的条件下求生存与发展，每前进一步都要付出艰辛的劳动，都要进行新闻业务上的种种创造。

我们在1938年冬参加国新社的工作，是它最早培训的“小字辈”。我们在这里要着重记述我们社的创业经历，也是我们作为记者成长的一个难得的机遇。

从搞国际宣传开始

“国新社”之所以称为国际新闻社，是由于它最初以搞国际

① 由前国新社记者任重和于友合作，于友执笔。

宣传起家的，它应国民党政府开展对外宣传的要求，为它提供对外报道的新闻通讯。

1938年秋，抗日战争已经进行了一年。国民党政府由于被迫抗战，没有坚定的抗战政策，在军事上节节败退。国民党宣传部控制的中央社又只会自欺欺人，关于战事的宣传充满了假话、大话和空话，完全得不到国际上的信任。一说后退，就是"向有利阵地转移"，"以空间换取时间"。抗日战争中实际发生和发展着许多有利因素，比如广大工农群众为战争进行的艰苦劳动，文教人员和工商界的爱国事迹，宣传部领导都视而不见，更害怕进行宣扬。因此它在国际宣传上处于被动，同军事上一样，屡屡败北。

当时国民党军事委员会有个国际宣传处，主持人是亲美派宋美龄手下的亲信董显光，他们对中央社搞的新闻宣传有所不满，也很想改弦更张，有所作为，可是，国际宣传处同样是个衙门，它的工作人员也大都是些贪图安逸，脱离实际的官僚，他们实在也找不到什么可作对外宣传的生动材料。于是这个国际宣传处想到了一些在战地、在后方、在群众中间真正接触实际并积极进行报道的新闻记者，希望依靠他们提供国际宣传的信息。

当时，《大公报》记者范长江接受中共的指示，在汉口忙于筹组中国青年新闻记者学会（简称"青记"），他团结了一大批进步的新闻工作者。这是一支很有力的宣传队伍。国际宣传处约长江同志担任特约通讯员，他认为一个人能力有限，没有接受。以后是周恩来同志指示，可以建立一个通讯社为国际宣传处服务。这样，由范长江同志与当时在国民党军事委员会第三厅工作的胡愈之同志等一起同国际宣传处副处长曾虚白商谈，达成了建立一个“国际新闻社”为国际宣传处服务的协议。由国际宣传处与国际新闻社订立了供稿的合同，国际宣传处按月提供几百元的稿费，由国际新闻社负责供给对外宣传的报道材料。当时，范长江同志已离开了《大公报》，担负筹建与领导这个国际新闻社的工作。

双方的协议成立不久，武汉市就沦陷了。范长江同志向南撤到长沙，就在长沙开展中国青年记者学会工作的同时，筹建国际新闻社。

当年在国民党统治区成立任何社会团体或组织，包括文化学术机构，都须得到国民党政府的许可。由于有为国际宣传处工作的名义，国际新闻社也终于得到了批准。最初的国新社就设在长沙都正街七十八号。范长江同志为社长（兼采访部主任）。黄药眠同志任总编辑。编辑部仅有两名工作人员：任重和我，人力十分单薄。但是，就在“国新社”成立之初，“国新社”这个新兴事业已经得到许多“青记”会员的支持，他们为“国新社”写作稿件，或提供其他的帮助。他们中间有《大公报》记者孟秋江、《新华日报》记者陆诒、《扫荡报》记者高天、《国民公报》记者彭世桢、湖南邵阳《力报》陈楚、国际宣传处专员邵宗汉，还有抗战开始前才从德国归来曾发表长篇回忆录《在德国女牢中》的女作家胡兰畦，当时她刚从江西战地回湖南，也为“国新社”撰写新闻通讯。

“国新社”在长沙的时间十分短暂，由于占领武汉的日军继续南侵，湖南北部的岳阳濒危，长沙开始紧张、混乱。长沙大火后,1938 年 11 月 15 日上午,长江同志得到当时也在长沙的周恩来同志的指示,要“国新社”与“青记”立即迁往桂林。这样,当天中午“国新社”的全部工作人员就携同文稿和行装坐汽车到衡阳,改搭火车转移。

“国新社”诞生不久,就开始了离乱生活。但是,同所有在抗战中新生的进步组织一样,它一经出生,就有强大的生命力,即使在千难万险中间,也要茁壮成长。因为它是在党的哺育之下,巧妙地运用着一切有利的条件,就“国新社”来说,其中包括国民党当局在对外宣传上的弱点。

在国统区打开局面

“国新社”迁到桂林之后,最初就在一家旅店的两间小房间里开始工作,向我们的第一个服务对象国际宣传处发稿,把一些适于国际宣传的通讯,寄给设在重庆的国际宣传处。

我们的工作条件是十分简陋的,小小的房间,白天往往挤满了同业和其他来访的人。长江同志风趣地说:“我们是白手起家,一定要充分利用这点空间。白天要像罗汉殿一样用来工作,晚上要像沙丁鱼罐头一样挤着睡觉。”生活虽然很不安定,但是供稿的任务还是如期完成。

国际宣传处对我们的工作一再在来信中表示满意。曾虚白曾亲自写信给长江同志,列举一些在对外宣传中得到良好效果的通讯,希望多多供应。关于这些情况,现在我们社会科学院新闻研究所搜集到的一些当年国民党国际宣传处的档案材料,包括曾虚白的信，都是具体的证明。“国新社”建社的基础工作是成功的。

但是，党组织对“国新社”的期望远远不止于它对国民党国际宣传处作的这点工作，“国新社”还必须大大扩展，开展对国内报纸的通讯服务。

当时，中共南方局的李克农同志主持八路军桂林办事处，多方关怀和指挥着党在桂林的文化工作，除生活书店、抗敌演剧队几个队之外，还有在当地创建的文化供应社，夏衍同志主持的《救亡日报》，杨东莼主办的广西省建设干校；风云际会，“国新社”的工作也在办事处的领导和广大进步同业的支持下得到了新的跃进。

这时期，素有文化总设计师荣誉的胡愈之同志来到“国新社”在环湖北路的新社址。他十分了解抗战初期国民党统治区新闻界的情况，人民迫切要求了解国家大事和世界大事；各地的报纸都希望除国民党中央通讯社之外，能有更多的消息来源；采用些为同地区别的报纸没有的专稿，尤其希望有些反映真实情况的通讯和分析形势的专论。胡愈之认为我们给国际宣传处提供的新闻通讯和其他不适于对外宣传的新闻通讯，都可以供给各地报纸采用，满足他们的迫切需要。

愈之同志曾在外国通讯社工作过，他知道国外通讯社有一种在一个地区供给一家报纸使用的特稿供应办法，他参考它为“国新社”制订了对各地报纸供应特稿的办法。这办法印发给国统区东西南北的报社，受到了广泛欢迎。

这些地方报纸欢迎的“国新社”稿子，首先是一些战地通讯和地方通讯，因为这些通讯反映了真实情况，补充了他们关于国内的新闻报道。纵使当时国民党地区邮政传递稿件比较迟缓，但是这些报纸终究得到了一些既生动又深入的报道，填补了它们自己无力填补的空白。而且这些通讯出自活跃于各条战线的青年记者，采用的都是受到读者欢迎的长江式通讯的体裁，每篇一个主题，开门见山，篇幅不过二千来字，正好作为报纸的专栏。

同样受到欢迎的是一些专论，主要是国内外形势的评论。国新社得道多助，得天独厚，供稿的正是大批当时知名的评论作者：胡愈之、张友渔、张铁生、刘思慕、羊枣（即杨潮）、郑森禹、王纪元、恽逸群、冯和法、陈翰笙、骆耕漠、黎澍、邵宗汉等等。如果可以用打扑克牌来比喻的话，那末，“国新社”发出的专论都是一张张王牌。许多地方报纸的编辑们欢迎“国新社”这类稿子，即使有些稿子在当地新闻检查所通不过，他们也乐于留供自己观摩与学习。

在国统区新闻界，“国新社”凭着提供这些稿件，打开了一个全新的局面。这是中国新闻史上通讯社从来没有过的局面。一个只有一二十个工作人员的通讯社，开始对上百家国内报纸供稿，利用比较落后的交通条件，向成千百万人传布着比较系统深入的新闻和先进的思想。

“国新社”的同志们都一直把这种创业的成绩主要归功于设计师胡愈之，但是胡愈之从来都谦逊推却，他甚至于说，他“不是‘国新社’成员”，“没有在‘国新社’做过什么工作”。无怪有的同志写诗赞扬胡愈之同志：“功成而不居，江流自荡荡”。当然，这不仅是指胡老在“国新社”一时一处的贡献。

向海外发展

1939 年夏,“国新社”桂林和香港两地的机构合并,这在“国新社”发展史上是件大事。

早在抗日战争爆发之后不久,上海地下党就重视了向国外与对海外侨胞的抗战宣传。上海文化界救亡协会成立了一个国际宣传委员会,胡愈之就是这个宣传委员会的负责人之一,在他的筹划下成立过一个国际新闻供应社,他们负责向外国新闻界提供新闻消息,提供中央社不愿也不能提供的中国人民踊跃参与抗战的消息,很受外国记者的欢迎。上海沦陷之后,这个国际新闻供应社迁移到香港,改名为国际新闻社,由中共华南局领导。这个国际新闻社设在九龙弥敦道 49 号,由恽逸群主持,任务是向国外,主要是华侨报纸发寄稿件。

国内的国际新闻社在桂林站稳脚跟以后,桂港这两个同名的通讯社就很快地联合起来,合成了一个机构,桂林的“国新社”成为总社,香港的“国新社”成为分社。两支力量的合并,相得益彰,局面变得更加广大。

“国新社”总社为了开展业务,以后曾先后设立重庆办事处和金华办事处,重庆办事处主要组织重庆、西南以及华北的报道,金华办事处着重开展新四军地区的通讯报道。总社与香港分社还共同向孤岛上海派遣记者,设立上海办事处,由港社领导。随着通讯网的扩大,总社与港社都大大充实了稿源。总社把战地通讯、后方通讯、敌后通讯(八路军与新四军在敌后英勇抗战的纪录）输送到香港分社，加强了向海外的宣传报道。

香港“国新社”在恽逸群同志主持之下，业务发展得很快。它除了印发一种名叫《祖国通讯》的通讯稿之外，也向海外华侨报纸寄发一地供一家报社的“特稿”。除此以外，担任中国福利基金会秘书的陈翰笙同志为国新社香港分社编印一种英文通讯稿《远东通讯》（*Far East Bulletin*）。

《远东通讯》为十六开本，每期登载关于中国局势的报道与评述三四篇，其中有的是署名文章。这是外国流行的名叫《新闻信》（*News Letter*）一类的出版物。这种出版物不仅寄给国外的一些报刊，供它们采用，而且也寄给国外的一些机关团体和个人，例如美国友好人士埃德加·斯诺、爱泼斯坦等。

从合法到非法

一直到1941年底太平洋战争爆发，香港沦陷，国新社香港分社始终起着党开展海外宣传的基地作用。由它供给稿件的报纸遍及东南亚、印度、美国、加拿大和澳洲、非洲的许多国家。日本投降以后，国新社香港分社东山再起，社址改在香港坚道二十号，业务照旧，仍然起着党向海外宣传的基地作用。后一时期主持工作的是孟秋江和陆诒同志。《远东通讯》一度由刘尊棋同志主持。

在“国新社”十年的历史中，它在国内的机构合法存在的时间才两年多一些，另有三年多时间处于非法的地下状态，工作的方式方法已不能不有所变更，但是它仍然起着新闻报道的作用，为党在解放区的新华通讯社做一些辅助的工作。

“国新社”承担为国民党军委会国际宣传处提供对外宣传稿件的工作进行了不过一年多时间。由于“国新社”坚持宣传中共的政策与进步观点,引起了国民党中统局特务的严重监视与暗中破坏。国民党从1939年下半年起已经实行“限制异党办法”。中统局认为“国新社”搞“异党活动”,它的头目徐恩曾因此曾亲自出面干涉,写信给国际宣传处的负责人曾虚白,要求停止与“国新社”的联系,曾虚白一面向徐为自己进行辩解,一面也就不能不废止了同“国新社”订立的供稿合同,停付给“国新社”的稿费报酬。

1939年下半年起局势一天天恶化。日本侵略者对国民党进行和平攻势,国民党不断动摇,更容不得坚持抗战、团结与进步的舆论,于是它悍然加强了对新闻界进步力量的迫害。随着湖南一些报纸如《观察日报》、《抗战日报》、《开明日报》等的陆续被迫停刊,桂系李宗仁、白崇禧、黄旭初等人控制的广西省也抵挡不住这股反共的潮流。1940年5月份以后,桂系转而采取反共立场,“国新社”在桂林的处境就开始十分不妙。

国民党中宣部对“国新社”采取过封锁的办法,命令一些党报停止采用“国新社”的稿件。但是也还有些为进步记者所主持的地方报纸仍然暗中支持“国新社”,对封锁进行抵制。例如,当时桂林《力报》的负责人冯英子同志了解到“国新社”的困难,就马上预付半年订稿费三百元,并把“国新社”的稿子用“特约记者”名义刊登出来。

到1941年1月,国民党限共的阴谋发展成公然打击的行动,对新四军发动了皖南事变，在茂林设伏攻击。对新闻界的进步力量也同样图穷匕现。“黑云压城城欲摧”，“国新社”桂林总社、重庆办事处、金华办事处相继被迫停业。

但是，这支新闻部队同样没有被斩尽杀绝。他们中一部分人转移阵地，长江、秋江和黎澍等同志先后转移到了香港，使香港分社成为“国新社”的大本营，这时“国新社”在国统区、沦陷区和游击区的社员、通讯员都想方设法向香港“国新社”输送稿件。

1941年末，香港沦陷，香港“国新社”也终于关闭。“国新社”的工作因此曾一度中断。

到1945年8月，日本无条件投降，“国新社”有大批社友到达上海，如徐迈进、金仲华、刘尊棋、陆诒、张铁生、郑森禹、黎澍、谷斯范、王坪、骆何民、吴承德、唐海、计惜英、任重等。我在10月间到达上海。孟秋江和恽逸群同志早已在敌伪时期从香港回到上海，在做党的地下工作。这些人共同关心的问题是：怎样把“国新社”的工作恢复起来？

可是，上海还是封闭国新社的国民党的统治区，抗日战争的胜利并没有使国民党限共反共的阴谋减弱，“国新社”要取得它的合法存在的地位是不可能的。怎么办？经过许多在沪社友们商议，决定在上海设立不公开的办事处，坚持一个地下通讯社的工作。社友们主要的力量放在趁国民党忙于劫收人民财产，大搞“五子登科”的时候，兴办各种出版物，抢先占领舆论阵地。建立秘密的“国新社”上海办事处的担子由孟秋江同志挑起。

当时主要由“国新社”的同志们兴办的刊物是《文萃》。它的主编最早是计惜英。计调南京中共办事处后，由黎澍继任主编。

孟秋江、骆何民、吴承德、唐海、王坪等同志和于友都参与它的工作。

此外,如《时代日报》、《文汇报》、《联合晚报》、《周报》、《新民晚报》都有“国新社”的社友参加工作,同国新社上海办事处取得联系。

上海办事处在1945年底开始发稿,它的办公处设在亨利路(现新乐路)一四七号的一个公寓里,它使用一个向邮局租用的信箱,进行对外通讯联系。在短时间内它就同散处在全国各地的“国新社”社友和一些积极的通讯员建立了联系,收到了他们撰写的通讯和新闻资料。

上海办事处继承过去的传统,给香港“国新社”和可能采用稿件的报刊发寄“特稿”。这些稿件寄给报社都不要求报社标明“国新社”供稿,作者一般都用笔名,以免引起注意,招来破坏。

另外,寄上海本地各报刊的稿件都不用邮寄,而是面交他们的有关编辑。所有这些措施都为着一个目的,在国统区的“国新社”照常发稿,继续办好符合党的要求的新闻报道。

还记得,国民党发动全面内战以前,“国新社”曾发出过许多重要的新闻通讯,例如:周恩来同志在上海举行记者招待会,劝工大楼事件,上海请愿代表在南京下关被打事件,几个民主党派负责人关于反对内战的谈话等等。“国新社”上海办事处实际上成为民主力量传布消息的机关。

1947年春,上海人民反饥饿、反压迫、反内战的运动不断高涨,“国新社”发布了许多有关的报道,华北人民解放军转入战略反攻之后,“国新社”上海办事处利用新华社的电讯,编写军事评论与“时局展望”等文章，反映解放战争的大好形势。稿件发寄香港“国新社”，也寄给一些国内报纸，使人们知道国民党兵败如山倒，新中国已初现曙光。

1946年秋，参加中共代表团的范长江同志从南京随周恩来同志来到上海，他对上海“国新社”的工作同志表示慰问，并给以热情的鼓励。当时于友还在美国新闻处上海总处工作，“国新社”在上海的社友二十多人曾秘密地利用九江路汉弥尔登大厦美国新闻处的接待室召开了一次会议，商定了“国新社”上海工作的方针和主要负责人。

“国新社”上海办事处默默地工作，一直到1947年5月，国民党在上海加强白色恐怖，强令《文汇报》、《新民晚报》和《联合晚报》等关闭时，“国新社”上海办事处才停止工作，主要负责人孟秋江又转移到香港，经营香港“国新社”，直到1949年大陆解放。到此，“国新社”完成了它光荣的历史任务。

两代人的团结战斗

“国新社”十年艰苦创业的收获是党内外许多新闻界前辈和广大进步青年新闻工作者共同努力的结果。首先是老前辈们精心筹划、精心指挥的结果。

遍及国内各地和香港的同业参与“国新社”工作的有好几百人，他们集合到一起，是以老一辈新闻工作者为核心和骨干的，他们中间有许多是老党员和久经锻炼的民主人士。当“国新社”在桂林站稳脚跟时，主要的负责人是范长江、胡愈之、孟秋江、黄药眠、邵宗汉、陈农菲。香港分社早期的主要负责人是恽逸群、刘思慕、金仲华、郑森禹、陈翰笙。在重庆办事处参与领导的是张友渔、王纪元、刘尊棋、徐迈进。至于从旁协助的老前辈那就不可胜数了。首先是他们这一辈人,按着党的要求出主意,出经验,带头探路,才使“国新社”从无到有,从小到大,开创了崭新的局面。

也还是他们发明了一种办合作社的方法,把一些新闻界的同业组织起来。募集股金是次要的,主要是使许多同志的智力都投进到这个事业里来,有的当工作人员,有的不当工作人员,业余为事业出力。凡是投放一点股金的同志,都成为社员,是这个事业的成员。这个合作社的做法说明我们的组织是自力更生的。多少年以来,从未有过新闻记者的合作社,“国新社”是个首创。

也还是这些老前辈们言传身教,把一批年青人带起来。他们不仅关心年青社员和工作人员们的业务能力的提高,而且尽力引导他们提高政治水平。早在1939年春,长江同志结合抗战新阶段的情势写过一本关于青年记者的战斗任务的小册子,而且还联合秋江、黄药眠、邵宗汉写过一本关于怎样进行新闻采访与写作的小册子。两本小册子是“国新社”的青年同志们人手一册的学习材料。“国新社”的整个建设和行动计划主要是他们拟订的。

如果把“国新社”的队伍比作团结一致的雁群,那么,前辈们不仅是一些带头的雁,而且是一些值夜的雁,“国新社”的雁群是在险恶的风云中飞行,在敌情复杂的情况下栖息的。每当遇到患难时，是他们挺身而出，掩护年轻者，保护队伍渡过难关。

“国新社”历时十年的成绩，首先要归功于当年那些党内外的新闻界前辈。

当年“国新社”的青年社员和“国新社”所联系的青年通讯员，大多是一些倾向进步的爱国者，他们先后参加到“国新社”的行列中来，受到了坚定正确的政治方向和艰苦奋斗的工作作风的教育。纵使“国新社”的工作是吃苦而有危险的工作，绝大多数年轻同志在十年间坚持了下来。痛惜的是部分青年社员为着我们共同的理想和事业牺牲了。例如，李洪同志、骆何民同志、吴承德同志、张杰同志、高咏同志、乔秋远同志、徐师梁同志、张清同志等等。

是这些青年同志深入战斗，奔波于各地，写作了上百成千篇通讯。在实践中年轻的同志们也提供了许多新的经验，为创业花费了许多心血。特别应该提到的是，“国新社”上海办事处在进行秘密的通讯工作中，要避过国民党宪警特务的侦探和破坏，宣传上海民主运动和解放战争进展的情况，他们使用的工作方法是地下工作者的方法，他们的机构实际上是地下通讯站，风险尤大，而维持了达三年多时间，这不但暴露了国民党宪警的笨拙，更雄辩地证明了“国新社”青年同志的机智与勇敢。

“国新社”两代人志同道合，同心同德，紧密团结，教学相长，艰苦奋斗，才在中国新闻史上留下了一些独特的经验。

（原载 1987 年 11 月湖南人民出版社编印的《国际新闻社回忆》）

□ 本文作者于友1986年和国新社部分在京老同事合影

回忆美国新闻处

1943年初,第二次世界大战正处于十分艰难的阶段,美国在亚洲和中国联合抗日,它开始在中国国统区设立美国新闻处,扩大它的文化影响,也帮助我国新闻界传布时事信息。它是美国的一个庞大的对外宣传机构,它利用的方式很多:如发布英文通讯稿,发布翻译文章和图片,发行画刊,放映电影,赠送图书等等,还设立图书室供公众阅览。美新处在当年的重庆设立它的总处,桂林、昆明、西安等重要城市设分处。1945年抗战胜利结束后,美新处的总处移到上海,北京、广州、汉口等大城市加设分处。

美新处从1943年初开始在中国持续工作,直到1949年5月上海解放,为时有6年之久。公正的国际关系史学者认为:国际文化交流有助于有关国家互相了解和合作,二战时期美新处的工作,对中美两国的团结和共同取得反侵略战争的胜利,曾发挥不小的积极作用。

我国记者前辈刘尊棋,1943年被聘为美新处的中文部主任,本书作者由他任为助手。我在美新处一直干到1949年初。我认为美国新闻处当年的报道工作比较见效，尤其有利于扩大美国的国际影响，值得当今我国加强对外报道参考。现在我根据我的回忆，记述美新处当年主要的工作情况如后。

中文部的新闻翻译工作

刘尊棋主持的中文部发布翻译文章，后来还发行《新闻资料》，每周一次。翻译的文章和资料都选自美国的各种报纸和刊物。中文部的工作人员根据自己的判断，选用值得在本国及时传布的稿件。

中文部翻译的文章主要是美国记者的战地通讯和评论，一次用复写纸抄写 4 份，分寄给 4 家地方报纸。当年地方报纸除由国民党的中央通讯社供给电讯以外，很少信息来源，因此对美新处免费提供的翻译文章，都乐于采用。采用时报社都无须说明由美新处供稿。

中文部一度翻译美国政府战时新闻局发布的短讯，主要供重庆本市报纸采用；大战结束时停发。中文部始终持续发布的是《新闻资料》。它最初的内容都是短讯，用蜡纸油印，后来改为铅印，内容也增加了一些较长资讯。铅印《新闻资料》每期 8 页，内容 8—10 篇资讯，发行份数比较多，最多时达 5000 份，不仅发给所有中文报纸和刊物，也发给宣教单位。铅印的《新闻资料》从 1944 年开始，一直延续到 1949 年美新处停闭。

附带提一下：1944 年刘尊棋在美新处以外，同朋友们一起成立一个中外出版社，翻译和出版由美新处提供的图书，先后出版了《美国通史》、《联合国宪章》、美国历史学者拉铁摩尔的《亚洲的决策》、美国总统候选人威尔基所著《天下一家》等盛销书籍。中外出版社帮助了美新处传布美国的文化。

摄影部提供新闻图片

美新处的摄影部供应图片。一组组8开张新闻图片都有报道的主题,如《盟军在西欧诺曼底登陆》、《杜鲁门当选美国总统》等。整组图片的英文说明都由翻译人员译成中文。一组组图片分别供给中国各地文教单位张贴。由于当年我国内地报纸都没有新闻图片报道,美新处发行供张贴的新闻图片很受群众欢迎。

二次世界大战结束后,美国的战时新闻宣传工作结束,在中国的美新处的摄影部随之取消,图片供应也从此停止。

但是,1945年大战结束之前一年,重庆美新处总处开办了《联合画报》,提供图片报道,宣传效果更大。联合画报社由我国资深记者舒宗侨主持,每周一次,在市场上公开发售,是当年我国内地的唯一画报。联合画报在抗战胜利后随美新处一同移到上海,在我国刚收复的地区受到更多读者的欢迎。

舒宗侨后来利用美新处的新闻图片,编印《第二次世界大战画史》,由中国书店出版,成为我国反映二次世界大战史的重要著作。

新闻部和译报部

美新处的新闻部发布英文《时评选刊》,转载美国报刊的时事评论,16 开本,每期 20 多页,不定期发行,供英语读者阅读,发行数也不少。驻中国多年的外籍记者爱泼斯坦曾在美新处新闻部工作。新闻部的主持人福斯特(John Hurt Foster),后来曾担任北京美新处分处的主任。上海时期美新处的新闻部的主任是玛丽·贝雷特(Mary Balret)。福斯特和贝雷特两人都曾结识不少中国朋友,新中国时期都分别来过上海和北京。

译报部负责翻译当年中国内地出版的报纸的新闻和言论,复印后供美国驻华各单位参考。这个部由我国著名记者金仲华主持。著名诗人柳亚子的女儿柳无垢是金的重要助手。

在抗战时期美新处总处还设有日文部,它负责研制对日"心理作战"的宣传品,供美机向日军占领地区空中散发。

图书馆和公关活动

重庆和上海美新处总处,先后在市区设有公开的图书馆,它的阅览室很宽敞,备有美国出版后空运来的报刊,其中有著名的《纽约时报》《时代》《新闻周刊》《观察画报》《读者文摘》等等。它供阅览的图书不仅有成套的《百科全书》、《美国人物志》,还有当时美国新出版的图书如《美国史》《奇人华莱士》《天下一家》等等。这里的读物确实传布了当年许多新的知识和新的信息,帮助不少懂英语的我国读者了解了世界新的情况。

美国新闻处的总处和分处都不定期举行公关性质的招待会,联络当地各界人士,当年在重庆和上海的文化界名人如郭沫若、罗隆基、邹韬奋、乔冠华等等都曾是应邀的客人。

一度在上海开办《联合日报》

抗战胜利以后,美新处的总处迁到上海,当时美国汉学家费正清任处长,他确信美国在中国的声誉很高,可以更扩大影响,在上海办起了一张《联合日报》。这张日报由原来主持中文部的刘尊棋主持,他聘请了陆诒、陈翰伯、冯宾符等老报人参与编辑工作,报纸的内容比较丰富,也比较客观,一时很受收复地区读者欢迎。

后来由于美新处原来归属美国政府的战时新闻宣传机构,这个机构在1946年初撤销,美新处改归国务院领导,经费紧缩,于是它在上海的日报终于停刊。

此后,刘尊棋离开美新处,利用《联合日报》的基础,改办《联合晚报》,办得相当成功。

美新处的新闻报道方针

我在美新处工作期间,从来没有听到过处长传达什么报道方针,只听从早先刘尊棋的交待办事:从美国报刊选译及时的资料,主要考虑中国读者的需要。直到21世纪的前两年,我读了当过美新处处长的美国汉学家费正清所写《50年间旅华回忆录》(Chinabound A Fifty-Year Memoir),才知道当年美新处在中国的报道方针。他提到美新处的方针有四条:

一、提供新闻报道资料,而不是蓄意宣传;

二、增进可供实践借鉴的理解；

三、不推销观点，现代化不是美国化；

四、现实主义，如实和全面地介绍美国。

我今天回忆，当年美新处的报道方针确实比较客观，比较务实；我们这些满怀民族独立思想的中国同事当时都并没有异议和反感。

再说，在我国抗战后期以及抗战胜利以后，国统区民主运动空前高涨，民间舆论强烈要求实行宪政，因此，美新处传布有关美国政治文明的资讯，都备受关注；罗斯福所创"四大自由"的政治目标，曾在我国民间引起热烈的反响。

美新处的工作人员

说点美新处部分工作人员的情况，先说美国的：

最早担任美新处处长的是一位美国的"中国通"麦克·费希尔（Francis Macracken Fisher），上世纪30年代曾任美国合众社驻中国记者，常驻北平，"一二·九"学生运动爆发时，曾同埃德迦·斯诺等一起采访，同当时任苏联塔斯通讯社记者的刘尊棋也因此相识。太平洋战争爆发后，费希尔应征入伍，参加战时政府的宣传工作。在中国的美国新闻处的筹建工作主要由费希尔承担。他知道：当时要在中国进行新闻宣传，最便捷有效的方法是向中国的报纸发送中文新闻稿，美国新闻处必须有一个中文编辑部，必须物色一个熟悉新闻业务的中国记者；他终于找到了他的老相识，中国记者刘尊棋。

历任中国美新处处长的多半是对中国或亚洲有所了解的记者或学者。费正清是其中在中国最知名的学者。费自称为美国的自由主义者，同情中国革命，乐于同中国受过高等教育的知识界人士交往。他著有多本关于中国历史的著作。

再说中国工作人员，其中不少是当年的知名记者，除上面提到的刘尊棋、金仲华、舒宗侨、陆诒、陈翰伯、冯宾符等以外，还有曾在福建南平美新处分处任职的杨潮（笔名羊枣）。当年的青年记者朱宝光、张维冷、沈苏儒、傅家钦、王章麟、孙少礼等，都曾是我在美新处中文部多年的同事，这些人都因此相对地熟悉了国际知识，解放后从事涉外工作。

（本文写于2010年1月12日，时年94岁）

忆《文萃》和战友们

1945 年冬,抗战胜利后几个月,原来在内地坚持进步文化工作的许多朋友,都和我一样来到了上海。原在桂林等地的国新社一部分同志又聚到了一起。国新社的传统使他们像杨柳树苗一样,要在新的土地上生根发芽,茁壮成长。秋江是国新社的老一辈,他早几年就在上海坚持党的地下工作。他按党的要求,发起办一本刊物,名叫《文萃》,国新社的同志们都理所当然地成为他办刊物团结和依靠的力量。

计惜英同志是我抗战开始时成立的战地服务团的老战友,以后又一起在桂林国新社总社同事,他为《文萃》的创办做了不少组织工作。《文萃》的内容最初是文摘性的,转载内地报刊一些文章,他负担着编辑工作。当时《文萃》新创需要宣传与推广。我参与做一部分推广和募款的工作。

《文萃》当时为宣传自己,印发过一份传单,讲了刊物的宗旨和内容。说明《文萃》这本刊物是上海和整个光复地区关心祖国命运的人们所迫切需要的,中国应该走向和平民主、团结建设和进步,避免内战和动乱。这篇类似发刊词的传单所说的话都是颇能打动人心的。传单还开列了一些刊物的发起人，主要是一些刚从内地来的新闻工作者，例如秋江、计惜英、王坪、黎澍、张若达、唐勋、黄立文和我。

刊物由于立场鲜明，深得人心，销路逐渐打开。内容也由文摘性转为独创性，编辑部开始组织专稿，许多有名的作者成为刊物经常的撰稿人。这本刊物也需要刊登一部分外国作者议论中国的文章，我就尽力提供这方面材料。因为这段时间我仍在美国新闻处工作，有机会为刊物搜集一些为国内读者关心的世界舆论。偶尔也利用材料，为《文萃》写些署名文章。

当黎澍主持《文萃》编务时，我持续地为刊物供稿，偶尔也参与出谋划策，考虑内容与形式的改进。我记得张若达同志的家就作过我们密议的会场。黎澍当年风华正茂，虽然他比我们年长几岁，而且学识也丰富一些，但是同我们这些进步新闻界的子弟兵颇能打成一片。也就因此，尽管《文萃》是个苦差事，物质条件比国新社初期更为简陋，而且作为黑暗的国统区的一支火把，风险很大，但是，《文萃》这个新的集体也仍然精神奋发，斗志昂扬，使刊物一期期以战斗的姿态出现，而且越来越勇。

在我熟悉的年轻人中间，王坪像在国新社时期一样，为《文萃》写了不少报道性文章。他给读者印象较深的文章是《羊枣之狱》《一群民主的彗星照临上海》《反内战的巨浪激动了上海》《记上海学生抗暴大游行》等，他一直用长江同志传授的功夫记录着上海人民当年的斗争。唐海是为《文萃》供稿的又一个活跃的记者，他好像受了长江和爱伦堡共同的影响，他的文章既富于政治性，又富于文艺色彩。他在《文萃》上发表的名作是《臧大咬子传》。这篇反映当时在我国上海美军横行霸道的纪实文章给读者以深刻的启示,为着民族的自由与解放,必须反对美蒋,把外国势力和他们的奴才一起推倒。

我受着战友的帮助与鼓励,也尽力为《文萃》译写揭露美蒋的文稿,几乎三期之内有两期刊登着我供给的文稿。我没有条件像王坪、唐海同志他们一样从事采访后的写作,但我很有条件搞点翻译,这样我就译得多,写得少,成了一个英文新闻作品的翻译工作者,为《文萃》提供了一些作为本国舆论补充的文稿。有的就像《西行漫记》一样,是外国作者关于我国国内情况的报道和评论,是我国读者十分需要知道的。

我记得,名记者羊枣之死是当时社会上十分关心的事情,它反映了国民党当局的心狠手辣,对进步文化人进行了残酷的迫害。王坪写了有关的报道,我就译了一些有关的国际舆论,作为配合。1946、1947 年间,国民党政府在美国支持之下在华北与东北穷兵黩武,挑动内战。当时确有一些正直的美国作者写过反对美国干涉我国的文章,《文萃》登了这些文章的译文,其中一部分是我译的。

1947 年 5 月,《文萃》主编黎澍同志已转移到香港,刊物不久被国民党禁止出版,但接任主编的陈紫涛①同志仍坚持以小册子形式出版《文萃丛刊》,宣传党关于反内战、争民主的政治主张。当时我在新出的美国杂志上看到美国记者安娜·路易斯·斯特朗记录毛泽东谈论帝国主义和一切反动派都是纸老虎的访问

① 陈紫涛,即陈子涛。此处按原文照录。

记。我赶译出来之后就交给陈紫涛同志。他十分重视这篇宣传党的战略观点的文稿,就把它用作 1948 年 5 月 30 日出版那一期《文萃丛刊》的主要文章,把这期丛刊标名为《论纸老虎》。这期《文萃丛刊》受到了国统区关心形势的广大读者的重视。

不久,国民党当局变本加厉地查禁《文萃》。《文萃丛刊》于 6 月末停刊,主编陈紫涛和参与《文萃》工作的两位国新社战友骆何民与吴承德同志被捕并被杀害。他们三位是为《文萃》的出版而牺牲的烈士。在记忆四十年前《文萃》往事的时候,我深切怀念着那些殉难的战友们,他们都是党哺育的好战士,他们写的历史最能有效地鼓励我们革命事业的后来人。

(本文写于 1987 年 4 月 15 日,原载《新文化史料》1988 年第 6 期)

回顾光明日报社反右运动

我曾在1949年开始参与光明日报社工作,经历过报社1957年反右运动和1959年反右倾运动,在反右倾运动最后的1960年被划为右派,1961年被遣送到东北劳动改造。此后多年,我曾对自己的经历有所反思,并读过一些同志关于反右问题的评述,增加了不少认识。今年我喜读《炎黄春秋》6月号刊登回顾光明日报社反右运动的文章,觉得我作为报社反右运动的经历者,应该为这个回顾作些补充,尽可能反映一些反思的认识。

反右运动不是偶然发动的

执政党在1953年确立社会主义改造的总路线之后,要从政治上消灭国内的资本主义,反右运动就是党执行这条路线的一个步骤:从反右到反右倾,到社会主义运动,一直到“文化大革命”,都在一步步推行这条社会主义改造总路线,这过程就是后来所谓“在无产阶级专政下的继续革命”。

我国资本家被改造之后,所有受过“资产阶级教育”的知识分子被视为资本主义复辟的“危险因素”，于是民主党派内坚持独立思想的头面人物就是首先被打击的对象，再不许他们自由活动。

当时党中央认定文化战线的重要单位是首先必须清理的队伍，光明日报社同新华社、人民日报社一样，都是直属中央的宣传单位，其中都有不少持民主思想的工作人员，被认为必须予以清除。光明日报社由于被批判的章伯钧和储安平分别为社长和总编辑，它的社内开展反右运动就是势所必至的事情。

宣传队伍的大清理

《光明日报》反右前的鸣放报道和此后反右的批判活动，都由报社的党员总编辑和党组织领导，报社其他人就统统在经受“阳谋”的考察；谁表现出了对民主的向往，谁历史上曾热衷于民主，就是被以各种名义清理出报社的人员；十多个被戴上右派帽子的只是其中一部分，其实报社在运动中还有自杀去世的人员，还有运动后一批被调往黑龙江的人员。我在1957年后曾两度被下放到吉林“劳动锻炼”；我多年后理解：这无疑是对我这“右倾分子”的一种初步处理。

1959年反右倾运动是反右运动的深化，进一步清理干部队伍。当年党和政府的部门都曾开展对干部的批判和清理。

“莫须有”的罪名

1959年我在《光明日报》被批判的由头是“反领导”，这是当年一个很时行的罪名，但对我也是“莫须有”的；我作为报社国际部的负责人，在处理涉外的社论时按制度必须听从中央外事部门的领导，报社领导批我“不听从报社领导”，这罪名完全是强加的。

我早在反右运动中，就已经感觉从事国际报道的新闻工作者，会被怀疑受过不少西方影响，会被肯定为“党性不纯”。当年外文局的领导刘尊棋、新华社国际部的李慎之、人民日报国际部的黄操良、大公报的驻外记者朱启平等等，已都在反右运动中被定为右派，我到了反右倾阶段，也终于在 1960 年 6 月末，被报社党组织定为“最后的一个右派”。

此后“继续革命”仍在继续。光明日报总编辑受命全力大造舆论，批判社外文教界知名人物。然后“文革”十年还要清除“走资本主义道路的当权派”和“民主派”；“清理阶级队伍”的行动更在党的高层和一切党政机关内广泛展开，难于计数的干部和群众遭到了巨大的政治灾难；其后果就是民怨大增，执政党的威信大大下降，大陆终于爆发了表示抗议的四五运动。

要记取教训并认真改革

我体会，回顾历史要求真务实，并取得教训。我反思自己的经历也力图探明前因后果。我以为 1978—1979 年间右派等等一系列受难者一起被解除罪名，恢复政治名誉，意义非常重大。当年党中央作出平反冤假错案的决策，无疑是对违背社会发展规律的空想社会主义和集权主义的严正批判。此后党实行领导体制改革取消终身制、不再搞无法无天的整人运动、开辟市场经济等，更是非常重要的改革，自应得到高度评价；当年党中央胡耀邦同志等力行改革的功绩是永垂不朽的。

当今我们通过反右运动的回顾，应该确立坚定的信念：丢弃那些不合世界发展规律的阶级斗争意识形态，坚持解放思想，尽力建设一个实实在在民主和法治的现代化国家。

（本文写于2012年6月30日，时年97岁）

附注：《炎黄春秋》6期皮学军同志的文章说于友1957年曾发言批判过章伯钧和储安平，说他们是民主个人主义者，并发表过文章要求他们投降。这些都是误传，不是事实。我关于“民主个人主义”的认识，是我在1959年自我检查中表达的，说明自己对党有关知识分子问题教导的认识；至于1957年，我对反右问题还很陌生，并没有作过批判章、储的发言，也并没有发表过“劝降”的文章。

灵通观楼上的会晤

1979年初,可能是一二月间,新闻出版界前辈刘尊棋同志,和我一起为在中国大百科全书出版社新创办的《百科知识》杂志组稿,来到建国门外永安里灵通观西楼,找我们在历史界已颇有名气的朋友黎澍同志。

在那时候,从大混乱中真正清醒过来的人已非常重视知识,确信还是民主和科学的知识才是新时期最殷切的需要。姜椿芳同志和尊棋他们,创办新中国还没有办过的百科全书,就为着满足这个需要。《百科知识》杂志将充当大百科全书的一个小助手,鸣锣开道。主编尊棋同志和我这次来黎澍这儿,想请黎提供一篇关于"五四"的文章。1979年正是"五四运动"60周年。

黎澍同尊棋和我,都是1938年在国民党统治地区成立的共产党的新闻机构"国际新闻社"的同事,有着一种患难之交的友谊。但是由于左倾路线时期不分青红皂白的打击,国新社的许多老同志长期蒙冤,尊棋同志和我都当了"右派分子",其他同志有的成了政治运动的牺牲者,都已不在人间。黎澍多年研究历史,说了些实话,也长时间日子不好过。我们相互间已经有多年断了联系,这时能重新会晤是党的十一届三中全会给的机会。

会面之前,尊棋和我都给黎澍打过电话,他知道了我们分别返京前后的情况。

黎澍同志住在灵通观西楼的八楼上。这幢公寓大楼有电梯。但是好事多磨,我们到那儿的时间是下午两点不到,电梯停运。尊棋同志当时已68岁,还患着严重的气喘病。我去附近找公用电话,给黎澍打了个电话,告诉他尊棋同志和我到了灵通观楼下,没有电梯,上不了他的家。他一听说我们到来,就说:“我马上下楼来。”

黎一到楼下,气喘吁吁,就高举双手,扑向尊棋同志,两人紧紧拥抱起来。黎还大声说:“啊,久违了,久违了!”接着又和我拥抱了一阵,我不禁眼眶里涌满了眼泪。

我们都阔别了20多年,经过了那么大的波折,都还健在,还能会面。这时心情都不免激动。我们相互观察着彼此的神态,赞叹着:“大难不死,不易,不易!”……

黎澍首先镇定下来,他去找来了电梯司机,把我们送上8楼。一进黎的家门,黎就张罗着要找酒。当我们声明不能喝时,他就找到了茶叶,介绍说:“这茶叶是杭州的朋友专程送的龙井,味道挺好。”说着用开水冲了三杯,还站着说:“来来来,我们举杯,以茶代酒,庆贺你们解脱了灾难,重返北京,重返文化岗位!”

尊棋补充说:“庆贺我们党拨乱反正成功,国家进入了新时期!”

我们都站起来,并碰了一下杯。我只说了一句:“干杯!”然后大大地喝了一口茶水。

我们一坐下来，不禁想起了我们国新社的一些老同志。黎澍一直在北京多年，知道的情况更多一些。我们都为在“文革”中死难的友人长江、秋江、金仲华，还有陈同生惋惜，因为他们都是国家难得的人才。我们还痛惜有许多我们不熟悉的专家学者的受难。

我们一起诉说了许多令人心情无法平静的“文革”旧事之后，尊棋建议：“老黎，您是历史学者，把这段历史好好地总结一下吧。”

“不，我不是历史学者。”黎澍谦虚地说，“我还是个蹩脚的新闻记者。解放后只因为组织上让我搞资料，搞党史资料，才了解一点现代史。过去许多年，我还是说了不少胡话。1976 年以后，我一直在反思，附带把给‘四人帮’搞混了的一些历史问题搞搞清楚。”

他还说：“我以为，在思想路线明确以后，中央会考虑澄清一些重大问题。我将趁此机会学习学习。”

说到这里，我建议老黎讲一讲中央前些时候开工作会议的情况。尊棋同志也很赞成。关于这次会的内容我都听到一些传说，但还听不够。

老黎就介绍了许多有关的盛况，他认为会议主要批判了形形色色的假马克思主义，批判了教条主义，明确了实事求是的思想路线；小平同志在会上提出了“解放思想，实事求是，团结一致向前看”这样一个政治目标，是很得人心的。

“噢，还有，会议决定了干脆利落地解决一批重大的冤假错案，解放那些受了冤屈的同志。”黎高声说，“50 年代的案子、40

年代、30年代、20年代的案子,都要解决!"

"那末,我历时45年的冤案也可能解决了!"尊棋兴奋得站了起来。

"可能!"黎果断地说。他又建议:"干杯吧!"我们把各自杯里的茶都喝干了。

此后我们彼此谈了未来工作的设想。尊棋讲了许多关于百科全书的事。我提醒他说说向黎约稿的事。他又说了要宣扬"五四"精神的打算。

黎表示:"题目好极了。但是我写不如我的朋友丁守和写。他对'五四'有系统研究。"黎答应负责向丁约稿。他还保证以后自己写些别的文章,供我们办的刊物用。他说:"我们虽然都老了,但对我们知识分子来说,形势正好,机会难得,还应该发挥点余热。"

尊棋和我几乎同声喊道:"好极了!"

谈到这里,时间已过了5点。窗外的天都黑了。尊棋和我决定告辞了。

黎这时说,他夫人外出了,他建议在附近饭馆里共餐。

我们说:"改天吧,后会有期了,后会有期了!"

三个人就这样高兴地分手了。

尽管灵通观楼外气温很低,但是,我的心里觉得十分暖和。

(本文写于1994年12月13日,原载《群言》1995年第2期)

《中国日报》诞生记

《中国日报》(China Daily)是新中国第一张全国性的英文报,它在1981年的6月1日诞生,它是我们国家在对外报道方面厉行改革开放的一个成果。

《中国日报》诞生的前一年,中共中央宣传部召开过一次全国对外宣传工作会议,会议总结了过去许多年的外宣工作的经验和教训,通过了一个改进工作的八字方针——“大胆,活泼,全面,及时”。《中国日报》就是在这个改革的新精神的引导下开创的。

老记者创办新报纸

1980年,一批老新闻工作者响应党和政府的号召,参与《中国日报》的创办。社长是外文出版发行事业局的前副局长江牧岳,总编辑刘尊棋(1911—1993)早年参加过外国通讯社的工作,副总编辑有美国密苏里大学新闻学院的优秀生冯锡良,抗战时在重庆八路军办事处担任涉外工作的罗清和郑德芳;我也是副总编之一。我们的年龄都已在六十开外,因为当年还没有取消终身制,而有点涉外新闻工作经验的记者非常稀少。

于是,我们这些老人,有一段时间都积极投身于开办英文报的学习。大部分老总到任后就远去美国和澳大利亚,参观和访问那里一些主要的报纸。我和两位编辑曾到泰国向《曼谷邮报》学习。《曼谷邮报》是非英语国家办的英文报,它的经验会更便于我们中国这种非英语国家借鉴。此后,我们这些留学归来的老记者,曾将学到的外国经验,认真地运用于新创报纸的编辑和经营管理上。

首先,由于当年有关组织部门为我们调来的英语人员太少,报社经中组部同意,采取了解放后空前的公开招考办法,结果报社的采编部门包括电脑打字室的人员,都得到了补充。新来的年轻人,过去大部分是英语教员,他们成了我们办英文报的生力军。

由于当年报社的领导都是老人,北京新闻界一度流传一种说法:"一些爷爷奶奶带着孙子孙女在开办英文报。"这话说得比较形象,但稍嫌夸张。

一项不轻的新任务

当年英文报的开创,对我们这些老记者来说,确实是一件十分新鲜的事情,因为报纸是办给外国人看的,报上的内容都必须考虑适应外国读者的阅读习惯,英文报空前地被授权可以直接选用外国通讯社的电讯,但是必须避免其中同我们主流思想相悖的观点。英文报可以开设文娱版,刊登连环漫画和字谜一类外国读者喜爱的读物;版面的设计必须完全西化;新闻和标题都要避免说教的口吻;报纸必须刊登一些商业广告,否则将被外国人认为是宣传品。

于是报纸创刊阶段,我们所有采编人员实际上都仍在虚心学习,在“摸着石头过河”。我本人曾被安排担当夜班,主持几个新闻版的发稿工作,学习的任务十分艰巨,从安排版面到审定新闻标题,对我都是全新的课题;我鼓足勇气上夜班,每次都好像早年参加的一次找工作的考试,不免十分紧张。

1981 年 6 月 1 日,这天是儿童节,《中国日报》正式出版,成了中国新闻界的一个宁馨儿,我们社内工作的人员都好像刚分娩的年轻产妇一样高兴;报社以外涉外事务的部门也都感到高兴,因为他们有了一个新的帮手;尤其是外交部,因为这份英文报也是他们最亲密的喉舌。

《中国日报》显示的一些特色

《中国日报》同当年许多中文报相比,显示出一些不同寻常的特色。最明显的是新闻照片。当年中文报都还不太重视图片。《中国日报》在头版中间最醒目的地方刊登一张大大的照片,而且常常不是首长的活动,而是国内外的头等大事。记得创刊的那些天,国内国际重大的新闻一天接着一天爆发:美国总统遇刺,宋庆龄逝世等等,《中国日报》刊登的有关的新闻照片受到读者的热烈欢迎。《中国日报》那时几乎每一版都有一张自己记者拍摄的新闻照片，图片显然是新闻报道的一种好方式，《中国日报》的几位摄影记者不久就出了名，领导他们的副总编冯锡良同志，因此得了“慧眼奖”。

再说，《中国日报》头版的新闻是按新闻性编排的，内容不都是首长活动消息，这在当年是明显的创新，引起了国内新闻界的关注。

采访独家新闻和重视“人情味”

《中国日报》创刊不久，就开展了自己的要闻采访。总编辑刘尊棋曾亲自出马，访问当时的政要薄一波，将访问记发在头版显要的地位。然后，年轻的外勤记者不断发表其他政要的访问记。这种“独家新闻”成了《中国日报》的又一个特色，特别受到外国记者的重视，常常被外国报纸转载，传布到了全世界。

外勤记者们另一个工作重点是采写富有“人情味”的特写。我国改革中出现的许多新事物，被我们的报纸用特写这一生动文体报道出来。特写的专版叫《民众和生活版》(People and Life)，比较受读者喜爱。

在经济新闻报道方面，《中国日报》注重外贸新闻，受到国内外经济界的重视，报纸对国际贸易的开展起到了促进作用。我们开创的旅游版，帮助了外国旅游客人，也帮助了自己国家的旅游业。报纸还办起了特刊，帮助国内各省市宣传他们的开放计划，促进招商引资，开展对外贸易和旅游。

《中国日报》每天有个言论版，刊登一些时事论文，转载国内报纸的评论，还发表读者来信。后来我们开始学习外报，发表自己的社论。社论的主题常常是国际间的大事，因为外国读者关心着我国各界对这些外事的舆论。

上海市重视初生的《中国日报》

1982 年，报社开始开展外国人比较多的上海的工作，希望扩大英文报在当地的发行，并在上海办一张子报。我在坚持一年夜班之后，被派到上海。上海是我解放前两度工作过的地方，上海新闻界还有不少朋友。我这次出差还须衷心感谢上海市的领导陈国栋和汪道涵，他们十分重视涉外工作，给了我一些重要的指示和帮助；《文汇报》的老总马达和唐海也帮我多方联系。

我在上海工作一个多月，终于不辱报社的使命，在上海成立了一个办事处，为开办《中国日报》的子报创造了一点条件，增加了英文报的销路。我至今感到难得的是，让上海锦江饭店门口的一个大橱窗持续地展出《中国日报》的美术广告，它让许多到上海的外国人了解到：中国已经有了一张自己的英文报。这在当时，无疑是上海给予《中国日报》的一个明显的支持。

简单的尾声

1984 年，党中央颁布了取消干部终身制的决定，我们一部分超过六十岁的干部都陆续地从中国日报社退职。这时可以庆幸的是：一张比较适应对外报道“八字方针”要求的英文报有了一个基础。此外,英文报的一批年轻的编采干部和经营管理干部,也都成长起来了。

今天回首往事,可以提一下:《中国日报》创刊时那些会用英语的“新闻老战士”,以往多数曾历经创伤,长时间处于逆境,由于新时期改革开放,他们才有幸在中国日报社贡献了难得的余生。

此刻2008年6月,由于我已经是一个耄耋老人,关于《中国日报》在改革开放初年的创刊经过,仅能简单记录如上。

(本文写于2008年6月6日,时年93岁)

《曼谷邮报》印象记

1981 年初,我们《中国日报》还在忙于筹备,人员的调配已基本就绪,但试版还没有开始;为了学习国外办英文报的经验,江牧岳和冯锡良等同志已在前几个月去澳大利亚访问,考察了当地几家英文报,考虑到还需要了解非英语国家办英文报的经验,社委会决定派我和何廷庆、邓爱珠三人去泰国的曼谷,了解那里的《曼谷邮报》(*Bangkok Post*)。

《曼谷邮报》是曼谷两张英文报之一,历史比较悠久,在远东有些名气。它最早由英国的报业集团汤姆森基金会创办,以后由泰国人出资接办。汤姆森基金会在 1981 年有意帮助我国开办英文报,介绍我报派人到他们帮助过的《曼谷邮报》去取经。

1981 年春节之前,我们一行三人出发到曼谷,在《曼谷邮报》各部门调查了解,一共花了两周时间,先后观察了他们的编辑部、经理部、印刷厂的工作,同他们的负责人谈话,作了种种见闻的记录,还索取了一些有关规章制度的文件。有几天时间去报社设在清迈和派太亚的办事处访问,同他们的记者谈话,了解他们的工作情况。

我们回报社之后，报社对我们此番学习十分重视，曾要我们向报社全体工作人员作口头汇报，连一些专家也到会旁听。报社以后在组织我们自己的各项工作时，确实运用了《曼谷邮报》一些对我报适用的经验。

关于曼谷之行，我们写过一个书面报告，但是，事过境迁，这个报告已经找不到了。我现在回顾，有些事情还有较深的印象，仍然觉得有值得借鉴的地方。

一、《曼谷邮报》是张商业报纸，每天不少于24版。大部分篇幅是广告，很重视经济新闻的报道，也不忽视政治新闻、社会新闻和国际新闻。它的读者主要是泰国国内外工商界和外交界的人们，他们的视野比较宽，关心的事情比较多，因此它的内容比较丰富，篇幅比较巨大。按我的看法，虽然《曼谷邮报》同样受英国报业传统的影响，它的版面比香港的《南华早报》活泼一些。

二、《曼谷邮报》每天有社论，有时还不止一篇。它的出名同它经常评论国际时事的社论有关，外国通讯社常常转播它的论见，好像它就是泰国舆论的代表。

三、它刊登很多国际新闻，直接采用路透、美联、法新等外国通讯社的电讯，反映各国的动态比较迅速。国际新闻照片刊登较多。在一般读者的眼里，新闻照片确实比文字报道更有说服力。

四、社会新闻的篇幅也不少，交通事故、火警、盗案都有较快和详细的报道。由于报纸的一般读者对这些报道比较重视，因此它们在曼谷报纸上都常常占着显著的地位，还往往配有有关

□ 于友和何廷庆、邓爱珠代表中国日报访问泰国的《曼谷邮报》

的照片,《曼谷邮报》也并不例外。

五、《曼谷邮报》的记者一般都有自己的汽车,他们每天都有采访的任务,并不限于上级布置的题目。特别是摄影记者每天要交三张以上的新闻照片。摄影部有工作人员 12 人,记者自己洗印照片。

六、广告是《曼谷邮报》的主要内容,广告费是它的主要收入。正报广告、增刊广告和分类广告各占它广告收入的三分之一。作为一张大城市报纸,为小企业和个人服务的分类广告是很有效益的。分类广告有许多长期的户头,为报纸增加很多收入。

七、《曼谷邮报》有好几种经常的增刊,其中最有影响的是《经济增刊》。每年年终还出一种 16 开单行本的经济增刊,刊登综述泰国经济各方面一年间情势的文章和统计。同时刊登大量的国内外工商企业的广告。这种年终经济增刊也是随报赠送的,据说,很受泰国国内外有关企业界的欢迎。

八、它单独发行的英文《学生周刊》(*Student Weekly*),是一张适合中学生学习的刊物,版式很像我们报社现在经办的《21世纪》(*21st Century*),拥有大量的中学生读者。这刊物也刊登许多广告。他们发行这本以“学生”命名的刊物的用意,主要在于吸引学生读者,培养《曼谷邮报》未来的读者,及早在学生们的心目中输入《曼谷邮报》的印象。

九、泰国的清迈和派太亚是两处旅游胜地,经常有许多外国游客在那里度假,《曼谷邮报》在那里设有办事处,还派了得力的记者,报道两地有关旅游的新闻。这个安排显然在于争取大量懂英语的外国旅游读者,也有利于为报纸增加旅游业的广告。

十、《曼谷邮报》职工的收入不低于当地发达的企业。它实行一种年薪制度,每年年终为继任职工调高工资4%至5%。年终还有“红利”,它不是平均主义的,而是按职工的业绩由各部门的负责人决定颁发的。这些是他们争取职工安心为报社继续工作的重要措施。

访问《曼谷邮报》已是过去了15年的事,我的记忆已不可能很详细,还很可能有不确切的地方,写下来只供参考吧。

想起《曼谷邮报》上述这些特点的同时,我想到了我们中国的一句古语“他山之石,可以攻玉”。我们《中国日报》以后还可能在境外办报,肯定还需要改进编辑工作和经营管理。我认为境外、国外的英文报的一些新的经验,是值得我们去学习和借鉴的;需要的时候可派人带着问题去调查了解。这也算是我作为报社的一个老职工,附带提出的一个简陋而衷心的建议吧。

(本文写于 1996 年 8 月 1 日)

照片的故事

在我们共和国50年间，我得过一次较大的奖励：1956年我被选为全国文化先进工作者，同其他好几百位先进工作者一起，在中南海受到了党中央首长们接见，还拍了一张照片。我工作的光明日报社把照片加了框，交给我个人保存。我很高兴。

在1949年共和国成立之前的6月里，《光明日报》创刊，我就是它的工作人员。它由民主同盟主办，被看作是人民民主的一条渠道，还是知识分子说话的一个场所。我很喜爱我的工作，曾尽力学习，尽力完成报道任务。我主持国际报道，曾两次奉派到朝鲜战场，为报纸写作通讯；也曾为报纸撰写国际问题社论，向国外表示我国民主党派的意见。也就因为这些，我受到了奖励。我和我的一家人都受到鼓舞，我们把照片挂在宿舍的一面墙上。

但是共和国并不平静，1957年“反右”，1959年“反右倾”，政治风浪迭起，新闻界首当其冲，许多同事蒙冤被黜，我也终于在1959年被整，成为“漏网右派”。我的爱人在另一个新闻机构工作，尽管她曾被评选为单位的先进工作者，也受到了牵累；我们一家6口都被下放到陌生的东北边疆。我们只带很少一点行李，在仅有的一只箱子里带着那张1956年首长们接见我的照片。我们到达新的住处时，再没有把照片挂出来。不过我一直想着：我受过信任、得过鼓励，我面对劳改，也该不怕困难。我还想："照片吧，该有它重新悬挂的时间。"

但是，政治风浪汹涌不止，1965年"文化大革命"，冲击了更多干部和知识分子，连刘少奇和邓小平这样的领导人也遭到了灾难。我在边疆的佳木斯，还由于是什么"摘帽右派"，受到了"群众专政"，我工作的剧团的"红卫兵"把我关起来，斗个没完。他们还抄了我的家，找到了我保存的那张首长们接见的照片。

当时，那个常在舞台上扮演打手的"革委会"头领，就狠狠地拽住我的脖领说："你留着这照片干吗？想变天吗？"

"这是以前领导发的。"我随口说。

"这领导也是刘邓手下的走资派！"他驳斥我，还说"照片上有刘邓，该打×！不许你留着，给带走！"

照片就连同我的好大一批书都被没收了。

以后我人被释放回家，照片和书再也没有归还。我当时想：这年月，我这人都被"专政"了，嘉奖我过去的照片还能起什么作用呢？当权的还说："知识越多越反动"，我还能有什么出路？心爱的书和照片丢了，就永远丢了吧，丢了吧！……

想不到1978年党的十一届三中全会拨乱反正，把颠倒了的是非再颠倒过来，几十万"右派"被恢复了政治名誉。我终于回到了北京，又兴奋地走上了新闻岗位。由于我写的署名文章在一些报刊上发表出来，许多20年没有联系的老熟人才知道我还活着，还在新闻界。

记得是1982年，有一位在江西的同业意外地给我来信。他也曾在1956年当选为文化界先进工作者，同我一起在中南海拍过照。他来信祝贺我“解放了”，还给我寄来了那张照片。他的信上说：“估计你肯定丢失了那张值得纪念的照片，而我还有幸保留着。我寄给你一张翻版，由你保存，你有权继续受到它的鼓励……”

“改正”以后，我和许多受过冤屈的老新闻工作者一样，更加珍视我难得的政治生命，难得的晚年，作了一些力所能及的工作。我曾参与了英文《中国日报》的创刊，后来又坚持为一些报刊写些评论时事的文章。

1995年5月，有一天，全国新闻工作者协会邀我参加“八秩新闻‘百老’同贺会”，并奖了我一块刻着“人长寿”三字的纪念铜牌。百来个老人在一起拍了一张纪念照。

我在晚年又一次受到了奖励，我和我们一家都非常高兴。我的老伴让我把这回的照片同40年前首长接见的纪念照一起，挂在我们在北京的新居客厅里，庆贺我们共和国走进了“尊重知识、尊重人才”的新时代。

这时我还衷心祝愿：从此获奖的同事们的这些纪念照片，都平安地挂在敞亮的地方，让他们和所有为共和国积极工作的人们，都受到不尽的鼓舞吧！

（本文写于1998年11月8日，原载《群言》1999年第2期）

□ 八秩新闻“百老”同贺会，中排右四为于友

图书在版编目（CIP）数据

报人往事 / 于友著 .— 北京：群言出版社，
2013.9

ISBN 978-7-80256-482-4

Ⅰ. ①报… Ⅱ. ①于… Ⅲ. ①于友—回忆录
Ⅳ. ① K825.42

中国版本图书馆 CIP 数据核字（2013）第 215559 号

出 版 人　范　芳
责任编辑　陈　佳
助理编辑　孙平平　李　群
封面设计　群言艺术设计中心·齐立娟

出版发行　群言出版社（Qunyan Press）
地　　址　北京市东城区东厂胡同北巷 1 号（100006）
网　　站　www. qypublish.com
电子信箱　qunyancbs@126.com
总 编 办　010-65265404　65138815
发 行 部　010-65263345　65220236
经　　销　全国新华书店
读者服务　010-65262436　65276609
法律顾问　北京市国联律师事务所

印　　刷　北京画中画印刷有限公司
版　　次　2013 年 11 月第 1 版　2013 年 11 月第 1 次印刷
开　　本　880 × 1230　　1/32
印　　张　9.5
字　　数　195 千字
书　　号　ISBN 978-7-80256-482-4
定　　价　32.00 元